新时代基层工作者心理健康促进丛书

心向幸福
——基层工作者家庭和谐心理促进

中共成都市金牛区委党校
成都城市社区学院 ◎编

西南交通大学出版社
·成 都·

图书在版编目（CIP）数据

心向幸福 ：基层工作者家庭和谐心理促进 / 中共成
都市金牛区委党校，成都城市社区学院编. -- 成都 ：西
南交通大学出版社，2025. 1. -- ISBN 978-7-5774
-0200-0（2025.8 重印）

Ⅰ．D669.1

中国国家版本馆 CIP 数据核字第 2024FT7535 号

Xin Xiang Xingfu—Jiceng Gongzuozhe Jiating Hexie Xinli Cujin
心向幸福——基层工作者家庭和谐心理促进

中共成都市金牛区委党校		策划编辑／梁　红
成都城市社区学院	／编	责任编辑／郭发仔
		封面设计／曹天擎

西南交通大学出版社出版发行

（四川省成都市金牛区二环路北一段 111 号西南交通大学创新大厦 21 楼　610031）
营销部电话：028-87600564　　028-87600533
网址：https://www.xnjdcbs.com
印刷：成都中永印务有限责任公司

成品尺寸　185 mm×260 mm
印张　9.5　字数　167 千
版次　2025 年 1 月第 1 版　印次　2025 年 9 月第 2 次

书号　ISBN 978-7-5774-0200-0
定价　32.00 元

《心向幸福——基层工作者家庭和谐心理促进》
编委会

主　编　　杨华军　　何江军

副主编　　吴张泽　　陈志林

编　委　　尤强林　　孔　泱　　李　登　　黄砾卉

序

　　加强基层工作者的心理能力建设，提高基层工作者的心理健康水平，不仅是对新时代基层工作者担当作为的客观要求，也是激发基层工作者队伍积极性的需要。2018 年 6 月 12 日，中共中央办公厅印发的《关于进一步激励广大干部新时代新担当新作为的意见》和中共中央组织部随后下发的《关于认真做好关心关怀干部心理健康有关工作的通知》（以下简称《通知》）明确要求，要"坚持严格管理和关心信任相统一，政治上激励、工作上支持、待遇上保障、心理上关怀"。《通知》提出，要"加强干部心理健康教育和培训。针对干部心理健康方面突出问题，通过适时举办辅导讲座、发放图书资料、组织网络培训等形式，开展干部日常心理健康教育，各级党校（行政学院）、干部学院、社会主义学院相应班次要安排相关课程，着力提高干部心理健康水平"。《通知》还特别强调，要"注意了解掌握干部身患严重疾病、遭遇重大挫折、遭受家庭重大变故、经历重大自然灾害或事故及长期承担急难险重任务等情况，对遭受严重心理创伤或其他情绪异常、言行失常的干部，及时采取有效措施进行心理疏导和干预，发现有严重心理疾病的，要与医院、家属密切配合，积极进行治疗。对不幸发生的极端事件，要认真做好事件调查、善后处置、舆情引导等工作"。近年来，随着社会形势的快速发展，基层工作者的心理健康受到社会各界的高度关注，加强心理健康教育工作、建立健全心理健康服务体系、提高心理健康水平已成为提升基层工作者队伍整体能力素质的重要内容。重视心理健康，提高基层工作者的心理能力，对于构建和谐稳定的社会关系，积极培育良好的社会心态，具有重要的现实意义。

新时代，新风貌，更有新作为。从提高基层工作者的心理能力、构建新时代基层工作者心理健康服务体系的角度考虑，结合基层工作者群体心理健康工作的实际需要，在对基层工作者群体心理状态进行深入调研和分析的基础上，编写一系列科学、实用、通俗的心理健康教育读物，让基层工作者能够读得懂、有收获、会运用，是积极推进基层工作者心理能力建设、提高基层工作者的心理健康水平的迫切需要。鉴于此，由成都市金牛区委党校组织力量编写出的"新时代基层工作者心理健康促进丛书"，立足基层工作者实际，针对当下基层工作者队伍生活中存在的各种心理困惑和问题，逐一进行分析阐述。这套关于基层工作者心理健康促进系列丛书历经科学选题、周密策划、严谨撰写、仔细校对，具有非常强的现实性、针对性和可操作性。该套丛书具有以下几个显著特点。

一是满足了社会心理服务体系建设的需要。加强社会心理服务体系建设，培育自尊自信、理性平和、积极向上的社会心态，是党和国家提出社会心理服务体系建设的出发点，各地要将心理健康教育作为各级各类基层工作者教育培训的重要内容。本书的出版，能有效指导基层工作健全基层工作者常态化、双向的心理健康关爱机制，激发基层工作者担当作为、干事创业的精气神。

二是有助于党校为党育人才。基层工作者也是人，心理健康是基层工作者成长、发展的基础。通过从个人、家庭、职场三个维度梳理总结基层工作者的健康促进策略，有助于基层工作者在当前新形势下，领会高屋建瓴的宏大格局，拓宽总揽区域全局的视野，扎根基层，保持"求真务实"的干事作风。

三是多维促进基层工作者心理健康。基层工作者在面对组织"严管干部"要求下，需要全力推进"纷繁复杂"的基层治理工作，将自己置于聚光灯下，一言一行都显得尤为重要。因此，丛书从个人、家庭和职场三个维度对个人人格基础、家庭心理关怀、职场事业升华进行阐述，各部分相互递进、互相辉映、融为一体。

四是基层一线专家参与编写。本系列丛书在编撰过程中邀请了心理建设、基层工作者管理、家庭教育、精神医疗等基层一线专家，结合基层工作者培训实际，坚持理论与实际相结合，做到结构合理、层次分明、条理清晰、案例生动、内容贴切、方法实用，有很强的针对性和操作性。

五是多角度切入，提高特定群体心理素养。丛书从正面传播心理健康与心理保健相关理论知识，对个人、家庭、职场的矛盾和困惑予以分析，引导基层工作者主动维护主体与客体的关系，积极做好由矛盾突出、生活失意、心态失衡、行为失常等引发的极端言行预防工作。

本丛书适合作为党校基层工作者专题培训教辅资料，各类基层工作者职工的心理保健读物，心理学、管理学和社会学专业学生的辅导材料，以及基层职工等参考资料。

总之，这套丛书聚焦基层工作者心理健康问题，致力于提高基层工作者心理健康水平，为基层工作者群体在工作遇到的各种矛盾、纠葛释疑解惑，为其疏导生活中存在的压力赋能，是目前基层工作者心理健康科普教育的范本。

胡月星

2022 年 12 月 9 日于北京

前　言

《心向幸福——基层工作者家庭和谐心理促进》是"新时代基层工作者心理健康促进丛书"的第二部。主要以《习近平关于注重家庭家教家风建设论述摘编》为指导，以基层工作者在现实场景中遇到的、协调工作和生活关系时所面临的问题为针对点，围绕工作事业平衡、家人沟通、夫妻感情、亲子教育等方面进行阐述，力图帮助基层工作者把家庭建设成为干事创业的"大后方"，做到后顾无忧、轻装上阵。本专题共八个章节，主要内容分别是家风建设、家庭功能、工作—家庭平衡、家庭成员沟通、婚姻感情、亲子关系、子女教育、家庭规划。各章的逻辑和内容如下。

其一，家风建设旨在凝聚家的精神气质。"天下之本在国，国之本在家"。家，是中国人的"社会生命"之源。良好的家风关系到每个家庭成员的健康发展，也关乎民族文化和社会风气的赓续传承。本章主要介绍家风建设的内涵，阐明基层工作者家风建设的内容源泉和基本路径。

其二，家庭功能的发挥旨在优化家的运行。家庭是心灵的港湾，在发挥家庭功能、构筑健康心理上，基层工作者与普通人是一致的。本章首先阐明家庭功能与心理健康的关系，提供家庭功能优化的基本视角，展示家庭功能优化的典型案例。

其三，工作—家庭平衡是基层工作者构建和谐家庭的重要内容。本章主要从理论上解释工作—家庭平衡与心理健康的关系，为基层工作者提供工作—家庭平衡的常用方法。

其四，家庭成员沟通是构建家的合力的重要途径。充分沟通既是心理健康的必要前提，也是家庭发展的重要方法。本章在阐述基层工作者的家庭成员沟通与心理健康关系的基础上，提供常用的家庭沟通技巧。

其五，婚姻感情是家庭幸福的原点，婚姻感情幸福是家庭幸福的重要内容。本章主要阐述基层工作者的婚姻感情与心理健康的基本关系，分析并提供促进婚姻感情关系的常用方法。

其六，亲子关系是基层工作者构建和谐家庭的主要内容。好的亲子关系，于家有助于整体幸福，于人有助于身心健康。本章首先阐述基层工作者亲子关系与心理健康的基本关系，重点阐明其对子代发展的意义，提供基层工作者构建良好亲子关系的常见适用方法。

其七，子女教育是基层工作者构建和谐家庭的重点内容。家庭是社会的基本细胞，是人生的第一所学校。家庭的教育功能是家庭存在的意义之一。在本章子女教育与心理健康关系的理论阐述部分，重点介绍家长过度焦虑心理、急于求成心理、求全责备心理、牺牲自我心理对子女和自身的不利影响，在此基础上，为基层工作者在子女教育上提供可行的交谈、活动、奖励、道歉等方面的方法、技巧和艺术。

其八，家庭规划有助于基层工作者构建和谐家庭。凡事预则立，不预则废。本章从家庭规划与心理健康关系的角度，介绍家庭规划的内容、要求、正确发展方向，为基层工作者提供家庭规划的目标视角、时段视角、人生视角、职业视角、需求视角等，并重点为基层工作者提供家庭财务规划的参考案例。

总之，上述八个章节旨在从"大后方"的角度，向广大基层工作者介绍家庭对于个人和群体事业发展的重要性、实践性、科学性、艺术性，希望帮助基层工作者更好地理解习近平总书记关于"努力使家庭成为国家发展、民族进步、社会和谐的重要基点"重要论述，推动形成爱国爱家、相亲相爱、向上向善、共建共享的社会主义家庭文明新风尚。

编　者

2023 年 5 月

目 录
CONTENTS

第一章　凝聚家的精神气质：家风建设

第一节　家风建设的内涵 / 002

第二节　基层工作者家风建设的内容源泉 / 007

第三节　基层工作者家风建设的基本路径 / 011

第二章　优化家的运行：家庭功能

第一节　基层工作者的家庭功能与心理健康 / 024

第二节　基层工作者家庭功能优化的基本视角 / 029

第三节　基层工作者家庭功能优化的典型案例 / 034

第三章　和谐家庭构建：工作—家庭平衡

第一节　基层工作者工作—家庭平衡与心理健康 / 040

第二节　基层工作者工作—家庭平衡的常用方法 / 046

第三节　基层工作者工作—家庭平衡的典型案例 / 055

第四章　构建家的合力：家庭成员沟通

第一节　基层工作者的家庭成员沟通与心理健康 / 062

第二节　基层工作者家庭沟通的常用技巧 / 068

第三节　基层工作者家庭沟通的典型案例 / 074

第五章　回归幸福的原点：婚姻感情

第一节　基层工作者的婚姻感情与心理健康 / 082

第二节　基层工作者促进婚姻感情关系的常用方法 / 087

第三节　基层工作者处理婚姻感情关系的典型案例 / 091

第六章　和谐家庭构建：亲子关系

第一节　基层工作者的亲子关系与心理健康 / 098

第二节　基层工作者构建良好亲子关系的有效方法 / 101

第三节　基层工作者构建亲子关系的典型案例 / 107

第七章　和谐家庭构建：子女教育

第一节　基层工作者的子女教育与心理健康 / 114

第二节　基层工作者开展子女教育的有效方法 / 117

第三节　基层工作者子女教育的典型案例 / 121

第八章　和谐家庭构建：家庭规划

第一节　基层工作者的家庭规划与心理健康 / 128

第二节　基层工作者家庭规划的基本视角 / 131

第三节　基层工作者家庭规划的典型案例 / 133

参考文献 / 138

01 ————

第一章

凝聚家的精神气质：家风建设

　　我国自古以来讲究门风、注重家教。家风是家庭的精神内核和独特气质。良好的家风关系到每个家庭成员的健康发展，也关乎民族文化和社会风气的赓续传承。在新时代，追溯优秀的传统家风文化，回望百年来中国共产党人的红色家风，立足当前的家庭结构和社会发展，面向未来的使命与责任，基层工作者应如何进行家风建设呢？

第一节
家风建设的内涵

一、家风的基本内涵

家庭，是以婚姻血缘关系为基础、具有情感纽带的社会单元，是个体不可或缺的重要生活场所。家的内涵丰富，包括物质的家庭空间，同居于家庭物质空间中的亲属，是将不同代际家庭成员联结在一起的血统群体。基于"血缘"的家，具有三个重要维度：自然情感、支配和家政，这意味着家庭是一个融合情感关系、社会关系的共同体。

一个家庭或家族在长期生活中逐渐形成被家庭家族成员共同认可并自觉遵循的道德理念、价值取向、精神追求、生活习俗、行为准则等，便是家风。《史记·货殖列传》讲："然任公家约，非田畜所出弗衣食；公事不毕则不得饮酒食肉。"里面提到的"家约"其实就是家风。家风反映了家庭成员的道德品质、审美格调、精神风貌和个人修养。

家风，是家庭或家族世代相传的道德准则和处事方法，是调整维系家庭成员之间情感关系和利益关系的道德行为规范，其内在核心是家庭成员所倡导和传承的共同价值观，其外在表现为家庭生活方式、家庭人际关系、家庭活动礼仪和节庆习俗等。

从价值观念层面看，家风是家庭成员所倡导和传承的共同价值观，通常是作为家庭主要成员的父母长辈基于对理想人生与理想家庭生活的设定而做出的价值判断与价值选择，是家庭成员共有的世界观、人生观与价值观。这是家风的内核，决定了一个家庭的精神气质，常常体现在家庭长辈在为人处世、修身为学、治家治国等方面的经验总结上，并常在家训、家书之中体现，或经由家庭共同生活留存在家庭成员记忆之中。

从行为层面上看，家风表现为具体的家庭生活方式、家庭人际关系、家庭活动礼仪和岁时节庆习俗。家庭生活方式以潜移默化的方式形塑家庭成员的行为规范；家庭人际关系在家庭成员的互动中营造家庭氛围、传承家庭的价值观；家庭中特别的节庆习俗和活动仪式，是家庭重要价值理念的培育方式。例如，在传统农业社会，人们以农耕为本，在长期的农业生产生活中形成一套完整的岁时习俗，以调整生产与生活节奏。在日常家教、仪式、习俗中，家风倡导的价值理念和道德规范得以内化为家庭成员的价值信念和行为准则。

因此，一个家庭的长久发展离不开家风的薪火相传。正因为如此，家庭不只是身体的住处，还是精神的归宿。

二、家风建设与个体发展

从个体的角度看，家庭存在的意义不仅仅是提供生活的居所，更重要的是精神需求上的满足和人格培育。

心理学家布朗芬布伦纳（Urie Bronfenbrenner）在解释人的发展问题方面，提出生态系统理论，认为发展的个体嵌入从直接环境（像家庭）到间接环境（如宏观的文化）的几个环境系统中（见图1-1），每一系统都与其他系统以及个体交互作用，影响个人发展的许多重要方面。家庭家风正是个体成长和发展的重要微观环境，对个体的影响最为直接和密切。

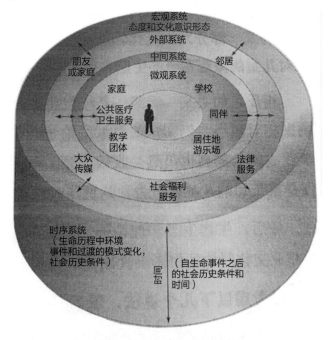

图1-1 布朗芬布伦纳的生态系统理论

（张向葵、桑标：《发展心理学》，北京：教育科学出版社，2012：75）

　　家风是一个家庭的精神气质，对个体具有重要的价值引导、德性养成、行为塑造作用。人都是在家庭的熏陶下完成社会道德认知，进而奠定道德人格基础的。家庭生活的良好生活氛围和家长的言传身教，是无字的宝典、无言的教育，潜移默化地影响家庭成员的人格品行。良好的家风有助于个体形成明确的行为准则，促使个体知行合一，这是个体形成健康完善人格的重要基础。优良家风还给人以精神和信念的支撑，使其克服人生的不顺遂、不如意。良好家风所重视的和谐家庭氛围，有助于个体保持积极健康情绪、及时舒缓压力，这是个体保持心理健康的重要因子。受良好家风家教影响的个体，具有较高的道德素质，自然会在社会生活中乐善合群，以自由、平等、公平的态度去对待别人。因此，家风是个体社会性得到良好发展的重要环境基础。

　　良好家风为子女后代提供心之所向、行之所往的价值坐标，促进子女健康成长、良好发展。当前大多数家庭中的家长焦虑乃至严重的心理疾患，追根溯源，大多集中在子女的学业发展、情绪健康等方面。而良好的家风恰恰是促进子女成长最有效的因素。

　　良好的家风还是我们广大基层工作者一道重要的安全防线。在个体所身处的生态系统中，个人与家庭的影响是相辅相成的。基层工作者通过把对党忠诚纳入家风建设，把自身家庭建设为拥护党的领导、对党忠诚的新时代家庭，营造良好的家庭政治环境。在对党忠诚的家庭环境下，家人和家风家训时时刻刻提醒基层工作者要政治清醒、头脑清明，更是为基层工作者应对复杂局势和抵制权力、金钱、美色等内外腐朽力量提供了稳定的后方，有助于基层工作者轻装上阵。从当前许多落马官员家庭的分析可知，许多基层工作者的腐败有一部分原因是家庭内部的动摇和腐蚀。而对党忠诚的家庭不仅不会拖基层工作者的后腿，反而为基层工作者对党忠诚提供了坚强的后盾和长久的监督制度，把基层工作者进一步培养为担当民族复兴大任的基层力量。

　　可见，良好家风是一个家庭的精气神和活力所在，为每个家庭成员提供诚心正意的起始、心身健康的保障。相对于社会宏观环境，家风的可控性显然是更强的，家庭成员对家风建设的自主性和稳定性远远大于社会环境。因此，建设良好的家风，是促进个体心理健康、支持个体发展的重要途径。

　　"求木之长者，必固其根本；欲流之远者，必浚其泉源。"良好的家风家教不仅关系到个人健康发展，关系到家庭的兴衰，而且关系到社会的和谐进步乃至国家的稳定繁荣。作为一种长期积淀形成的家庭或家族集体认同和经验知识，家风因家庭差异呈现出不同样态。家庭作为社会最基础的组成单位，其道德状况和文明程度与整个社会风气的良好与否密切相关，千千万万个家庭的家风是影响社会风气的深厚基础和社会文明进步的不竭动力。

【拓展阅读】社会生态系统理论

人是社会的人。在人与环境交互作用的过程中，人与社会环境的交互作用扮演着重要的角色。近年来兴起的社会生态学是一种探讨人的行为与社会环境交互作用的研究取向。美国心理学家布朗芬布伦纳（Bronfenbrenner，1979、1998）提出的社会生态系统理论认为，个人的行为不仅受社会环境中的生活事件的直接影响，而且受发生在更大范围的社区、国家、世界中的事件的间接影响。因此，要理解个体的发展就必须考察个体不同社会生态系统的特征。

布朗芬布伦纳把个体所身处的社会生态系统划分为五个子系统。

（1）微观系统，指与个体直接的、面对面水平上的交流系统。例如，直接作用于儿童的各种行为的复杂模式、角色，以及家庭、学校、同伴群体、工作场所、游戏场所中的个人的交互作用关系。家庭、学校、同伴群体中的个人都是社会生态系统中的微系统的组成部分。个体微系统中的每个人都以面对面、直接交流的方式与个体交互作用。例如，母亲对儿子小明唱歌，同伴与小明做游戏等。

（2）中间系统，是几个微系统之间的交互作用关系。例如，小明的母亲以怎样的方式对待小明，可能受小明的母亲与小明的外祖父之间交互作用的影响。如果小明的母亲与小明的外祖父之间经常争吵，小明的母亲可能缺乏温柔并以粗暴的方式对待自己的孩子。同样，小明与妹妹之间的关系，也可能反映了小明的母亲与小明的姨妈之间的交互作用方式。布朗芬布伦纳所讲的中间系统，其实就是个体微系统之间的交互作用关系。

（3）外系统，是指两个或更多的环境之间的连接关系，其中一个环境中不包含这个个体。例如，儿童生活在家庭里，但家庭不是与外界隔离的。父母对待儿童的方式会受到学校、教师的影响，也会受到教会、雇主和朋友的影响。个人的家庭微系统与其他系统的成员之间有种种交互作用的关系。例如，小明与他的父亲之间的交互作用可能受到他的父亲与其企业雇主或其炒股朋友之间的关系的影响。

（4）大系统，是指与个人有关的所有微系统、中间系统及外系统的交互作用关系。这是一个有文化特色的系统。可以依据信念、价值观、做事情的传统方式、可预期的行为、社会角色、社会地位、生活方式、宗教等内容来描述大系统。大系统的特色则反映在不同系统之间的交互作用之中。用布朗芬布伦纳的话来说，大系统是一种特殊文化、亚文化或其他更广阔的社会环境的社会蓝图。

（5）长期系统或时序系统，是指在个体发展过程中所有的社会生态系统随着时间的变化而发生的变化。个体的微系统随着时间的推移可能会发生很多重要的变化，如弟弟妹妹的出生、父母离婚、得到或失去宠物等。有时候，大系统也会发生变化。例如，在美国20世纪最后的几十年中，在家庭成员参加工作的模式（从一人挣工资发展为两人挣工资）家庭结构（从双亲家庭到单亲家庭）育儿方式（从家庭养育到选择其他保育方式）生孩子的年龄（从低龄到高龄）等方面都发生了深刻的变化。显然，大系统的变化会影响个人生活于其中的微系统（家庭、家族和学校）。[①]

---

① 选自刘杰、孟会敏：《关于布郎芬布伦纳发展心理学生态系统理论》[J]，《中国健康心理学》，2009（2）。有改动。

第二节
基层工作者家风建设的内容源泉

中华民族历来有传家风、重家教、守家规的传统。新时代家风建设的内容是什么？若从文明赓续传承的角度来思考，基层工作者的家风建设，理应从传统家风文化中汲取滋养，与中国共产党人百年红色家风与新时代社会主义核心价值观统一起来，凝聚家庭的精神气质。

一、传承优良的传统家风文化

从古至今，我国历史上留下了诸多有关中华传统美德的家训、家书。例如，颜之推所著《颜氏家训》，用以"整齐门内，提携子孙"；五代十国的《钱氏家训》、诸葛亮的《诫子书》，叮嘱其子修身立志；袁采的《袁氏世范》，以规范家族伦常道德行为；明末朱柏庐的《朱子家训》，讲治家教子与修身处世；清代的《曾国藩家书》讲治政、治家与治学等。中国传统家风家训还表现在器皿、节日、庆典、仪式，以及口口相传、世代流传的民歌民谣方面。不论是有声的传承，还是无声的延续，传统家风家训中的积极思想都为现代家风建设奠定了深层文化基础。

凝望历史的星河，我国传统家风家教文化内容博大。究其本质，可概括为如下四个方面。

其一，在个人修身方面，强调尚品崇德、修身养性，重视以德立人、修身为本，倡导忠厚、明礼诚信、自强不息等品质的培养。例如，"传家有道惟存厚"，刘备教子"勿以恶小而为之，勿以善小而不为"，诸葛亮诫子"非淡泊无以明志，非宁静无以致远"。

其二，在家庭关系方面，强调孝悌为本、以和为贵，倡导夫妻有义、睦亲齐家、勤劳节俭、严谨持家，教育子女提倡言传身教、严慈有度、爱而不溺。

　　其三，在社会关系方面，强调责任担当、匡扶正义，倡导以和为道、亲仁济众、仁爱宽厚、明事知礼、推己及人、乐善好施，和合共生、群己互存。例如，梁焘告诫子弟"积善之家，必有余庆；积不善之家，必有余殃"，以自身的求学为官经历告诫后世子孙为人、持家、理政之理。

　　其四，在家国关系方面，强调家国一体、天下情怀，重视清廉恤民、守法爱国、精忠报国的处世之则和治国之方。家国一体的情怀自古有之，在今天的文明激荡中愈显珍贵。

　　修身齐家，童蒙养正，道德教化；忠厚传家，诗礼继世，整齐门内，不坠家风。好的家风不仅能使家庭成员培育诚意正心的个体人格，而且可以涵养家庭成员的家国情怀。中华家风中"尊老爱幼、兄弟和睦、邻里和谐、遵纪守法、齐家治国"等核心元素直至今日，依然流淌在文化的河流中，具有强大的生命力。《曾国藩家书》云："但自问立志之真不真耳"，告诫家人、子弟要自立自强，树立远大抱负，这与当今提倡的树立远大理想异曲同工。又如"俭，德之共也，其在居官为尤宜。精忠报国，非此不完。勤慎立身，非此不备"，与党对基层工作者以俭为德、勤慎修身的要求相契合。这些传统优良家风与社会主义核心价值观具有文化和伦理的内在契合性，具有文化同质性，我们每一个人都可以从中感受文化的根与魂，并汲取力量。

二、百年红色家风的内涵

　　中国共产党建党百年来的艰苦奋斗历程中沉淀了珍贵的红色家风文化，为我们开展新时代家风文化建设提供了基本遵循。

　　百年红色家风的内涵概括起来主要有以下三个方面。

　　其一，勤俭节约，艰苦奋斗。刘伯承同志对子女的教育相当严厉，他给子女写的信里最多的一句话就是，廉洁的品行，要靠平时俭朴的生活养成。习近平总书记秉承家风，对自己和家人要求严格，也多次强调党员、基层工作者要管好家属子女和身边工作人员，坚决反对特权现象，树立好的家风家规。

　　其二，严以齐家，不搞特殊。中华人民共和国成立之后，身处各级领导岗位的老一辈革命家更注重严以治家，而且严格要求自己的家人不搞特殊化。

　　第三，忠于信仰，爱国为民。在社会主义革命时期，他们为推翻三座大山，为民族的独立与解放而浴血奋战；在建设时期，他们为社会主义制度的建立、国家的繁荣与强大而艰苦奋斗；在改革时期，他们为建设中国特色社会主义伟大事业、实现中华民族的伟大复兴而奉献终身。由此可见，中国共产党人的信仰，就是忠于党、忠于祖国、忠于人民。

老一辈无产阶级革命家清廉律己、诚朴务实、贞不渝的政治品格，为红色家风做了最好的阐释。这种政治品格既是老一辈革命者在家庭生活中的政治自觉，又是他们教育家人的政治底线。红色是我们共产党人的本色，我们要宣传好红色家风，赓续红色血脉，传承红色基因。

 【拓展阅读】李大钊的家风故事

中国共产党的主要创始人李大钊曾说："吾人自有其光明磊落之人格，自有真实简朴之生活，当珍之、惜之、宝之、贵之，断不可轻轻掷去，为家族戚友作牺牲，为浮华俗利作奴隶。"李大钊同志在担任北大教授期间，月工资近300块大洋，很大部分用在宣传马克思主义和建党事业上。李大钊同志牺牲后，家里的遗产仅有1块大洋。李大钊清廉家风代代传，他的子孙能够固守清贫，为祖国贡献自己的力量。李大钊之子李葆华，身居高位，一生廉洁自律、克己奉公、十分节俭。李大钊之孙李宏塔，是一名厅局级干部，多次放弃分房机会，长期住在一套60平方米的旧房里，每年"送温暖""献爱心"的捐款最多。他在回忆祖父李大钊时深深感悟："一个人是否富有，更多地在于精神层面，物质方面并不太重要。"李氏第三代的兄弟姐妹中，大家都以艰苦朴素为荣。李氏家风涵养出了李氏家族几代精英，堪称典范。

三、新时代家风建设的内容

"所谓治国必先齐其家者，家不可教而能教人者，无之。"（《礼记·大学》）好家风能够滋润后人，为家人心安业旺提供不可缺少的心理支持和德性营养；好家风能够通过广大基层工作者的身体力行，在越来越大的范围内和越来越高的层次上起到示范引领作用，为党和政府的形象增光添彩。

无论是传统优良家风，还是百年来红色家风，都是中华优秀文化不可或缺的部分，与社会主义核心价值观共同构成新时代家风建设的重要内容。我们从价值追求和文化基因角度追本溯源，并面向未来展开关于新时代家风建设内容的思考。一方面，我们要传承传统家风文化和百年红色家风；另一方面，我们要落实社会主义核心价值观，并结合当前社会现实和实际家庭情况，思考和确认自己家庭的家风内容。2020年，我国第一部以法典命名的《中华人民共和国民法典》将家风上升为法律规范，规定"家庭应当树立优良家风，弘扬家庭美德，重视家庭文明建设。夫妻应当互相忠实，互相尊重，互相关爱；家庭成员应当敬老爱幼，互相帮助，维护平等、和睦、文明的婚姻家庭关系"（第1043条）。这是从法律规范方面对家风内容的阐述。而置身于快节奏生活中的现代人，在追求自我价值实现和更高生活质量的过程中，由于承受更多的压力，往往更希望在家庭中得到情绪的慰藉，感受拼搏劳顿之后的关怀和安全，家风的情感功能不断强化，和谐、关爱和包容因而成为现代家风中的重要内容。

基层工作者的家风建设，可着眼于"两个要求"（全面从严治党的要求和自身过硬本领的要求），着力于"两个结合"（即传统家风文化与现代理念的结合、立足家庭与放眼党和国家事业的结合），多多学习研究中华优秀传统文化，以"仁义礼智""天下兴亡匹夫有责""天行健君子以自强不息"等丰富文化滋养内心、提升境界。好好学习百年党史中的红色家风，以爱国爱家、向上向善的价值内核，以孝老爱幼、相亲相爱为情感追求，把个人自律与为国奉献结合，以更高的觉悟和标准"修身齐家"，从而更好地投身于党和人民的崇高事业。

第三节
基层工作者家风建设的基本路径

家风建设，其本质就是建构个体发展的微观环境，建构家庭成员价值、情感和行为的共同体，其内核是家庭的共同价值取向，实践路径是家庭成员的共同活动参与、家庭生活秩序的依循，以及家庭的习惯与仪式。

一、共同的价值追求

家风建设的核心，是形成统一的家庭价值观，促使个体完成对家庭的认同。

家风的核心是价值观，其本质上具有内在规范性，所包含的道德要求和道德规范对于一个人性格培育和道德养成的作用是巨大的，帮助家庭成员科学地、合理地认知其行为可能产生的后果，帮助其树立正确的世界观、人生观和价值观。家风潜移默化地向家庭成员传递价值观念，对所有成员产生潜在的、深层次的约束力，对家庭成员的行为习惯、审美情趣、思维模式等方面的形成和完善起到先导和奠基作用。但价值观绝对不是抽象的公式和概念，而是蕴含于生活细节中，体现在人们的日常行为中。

如何确立家庭共同价值信念？一方面，家庭成员获知一个家庭或家族世代相袭的行为处事准则，口耳相传或见诸文本的家训；另一方面，在现实家庭共同生活的实践中，个体常常潜移默化地获得关于是非善恶的判断标准、待人接物的方式、处世治学的方法等。这可以通过外显的学习进行，更多的时候应依靠内隐学习来进行。由此，逐渐形成家庭成员一以贯之的价值信念，求同并尊重每个家庭成员，从认识上完成从个体到共同体的转变。

因此，在形成共同的价值信念上，长辈的"身教"效果远甚于"言传"。"社会环境无意识地、不带任何目的地发挥着教育和塑造的影响。"[①] 长辈的言行、家庭生活的日常便是家庭中子女耳濡目染、观察模仿的内容。因此，家庭中父母要拿出实际行动，以身立教、以身立范，把敬老爱幼、助人为乐、诚信友善、节俭朴素等优良家风融入实际行动，使子女在观察长辈的处世进退中理解修身、为学、治世之道。价值观的传承绝不是冷冰冰的说教，只有带着温度、生动活泼，才能真正收到效果。

【心理原理】内隐学习——"你没有意识到你已经学到了"

　　内隐学习，是指人们对复杂规则、知识的无意识获取，个体在无意识状态下自动地习得知识并用以指导个体的行为选择。[②] 这种学习机制反映了人们对环境事件联系和外界刺激规律的把握。例如，孩子在没有接受系统语法学习的情况下就能在生活中不知不觉地学会母语，并很少出现语法错误。

二、有序的家庭生活

　　从家风的生成过程来看，家风属于家庭经验知识范畴。家庭成员在长期家庭生活耳濡目染中形成正确的价值观，逐渐形成价值取向一致的家庭氛围，规范并制约人们的行为选择。日常家庭生活是家风最直接的体现，也是家庭成员完成价值认同、情感联结的重要途径。因此，家风建设中最基本的路径便是有序的家庭生活。

　　家庭生活的秩序首先体现在家庭日常生活的安排上，从家庭生活规划、子女抚养教育、居所陈设布置到一日三餐安排、洒扫清洁等细枝末节，无不是家庭人生观、世界观的展现，是审美情趣、思维方式的展现。家政的井然有序往往取决于家庭生活常规安排是否有其相应规定，家庭成员是否均能充分参与家庭事务，家庭成员是否就家庭事务进行协商，从而促成个体对家庭的内在认同。家庭风气是由父母的生活和操行创造出来的。"其身正，不令而行，其身不正，虽令不从。"（《论语·子路篇》）如果父母的生活习惯、行事作风不好，即使是最正确、最合理、最精心研究出来的教育方法亦无用处。

　　① 约翰·杜威：《民主主义与教育》，王承绪译，北京：人民教育出版社，1990：19。
　　② 郭秀艳：《内隐学习和外显学习关系评述》，《心理科学进展》，2004，12（2）：185-192。

　　清朝名臣曾国藩给自己八个子女留下十六字家训："家俭则兴，人勤则健；能勤能俭，永不贫贱。"这正体现了曾家家庭生活中的勤奋、俭朴、求学、务实家风，后人一直传承。中国许多普通家庭也践行着朴实的家训，如"不以善小而不为，不以恶小而为之""书中自有黄金屋""积财千万，不如薄技在身""别人东西不能拿""自力更生，艰苦奋斗""不啃老不坑爹"等，很多农村父母可能文化程度不太高，他们也没教育子女什么大道理，却培养出了人文孝道出类拔萃的孩子。他们身体力行，用自己的日常一言一行影响子女。家风正则泽被后代，家风不正则祸延子孙。

　　家庭生活的秩序，还表现在家庭成员的关系上，具体表现在家庭成员的长幼序列、互动模式、情感交流方式和深度等方面。家庭成员关系是家风建设的重要落脚点。和谐的家庭关系，常常依赖家庭成员之间充分的沟通互动、相亲相爱、互相尊重，依托家庭成员之间朴素而纯粹的亲情关系，在家庭、家族中树立起充满温情的积极的伦理观念。

　　有序的家庭生活可以营造和睦和谐的家庭氛围，塑造个人品行。在家庭教育中，借助家庭成员的血缘亲情和谐共处，可以让子女真切地感受到家规家训的价值，形成正确的人生观、价值观，因为人们更愿意相信关系亲密的人所说的话。家庭破裂、家人关系不和，家风传承便无从谈起。

　　回望历史，我们会发现诸多先贤在家风建设方面堪称典范。例如，近现代史上的风云人物、百科全书式的学术大师梁启超先生，出身于广东新会的寒素之家却自身成就非凡，又进一步发扬家风、教子有方，子女九人均卓有建树。梁启超的家庭教育非常注重对子女精神上的导引。早年梁启超投身政治，与家人聚少离多，后期儿女们又陆续出国读书，于是他写给孩子们的几百封书信，便成了他们家庭生活的别样乐章。在这些书信中，梁启超先生常常通过讲述自己的经历，让孩子们具体地看到自己为人处世的态度和方法。在给孩子们的书信中，他不厌其烦地描写事情细节和自己的内心活动，又在书信中主动将现代平等、自由等理念引入家庭之中，与传统德育内容相结合，传授修身方法与学问之道。在梁启超生命的最后四五年，即1925至1929年初，他的健康状况趋于恶化，但仍笔耕不辍，不时进行演讲，还主持清华研究院，出任北京图书馆、京师图书馆馆长，创办司法储才馆等。此间，其子女中除了跟丈夫一起旅居加拿大的思顺，思成、思永、思庄、思忠也先后出国留学，因此梁启超和儿女的通信更加频繁。在此阶段，梁启超的信中有更多对自我人生观、家庭观总结的意味。他将传统的修身之学与自己的经验结合，总结为"得做且做"主义：

"这信上讲了好些悲观的话，你们别要以为我心境不好，我现在讲学正讲得起劲哩，每星期有五天讲演，其余办的事，也兴致淋漓。我总是抱着'有一天做一天'的主义（不是'得过且过'，却是'得做且做'），所以一样的活泼、愉快。"① 除了日常生活中的言传身教，梁启超还注重良好家庭氛围的营造，即使在忙碌奔波中仍一直以书信与子女交流，如春风化雨，润物无声。

三、家庭仪式活动

家风中的重要价值信念突出体现在家庭节庆、仪式中，隆重而正式。慎终追远，人们都有寻根意识，通过探究自己"从哪里来"找到自己的精神家园。节庆活动和家庭仪式，正是对家庭或家族最核心的价值理念的传承和展现，是穿越时空的"家族精神聚会"，也是进行家风家教的重要途径。例如，在节庆时讲述家庭历史，讲述祖辈父辈的奋斗历程，从这些故事中了解家庭、家族的来龙去脉，感受祖先的优良品德，也是吸收养分、传承文化的重要途径。例如，中国人游子归家、亲人团聚、祭祀祖先、绵延家风的春节习俗，正是中国人家庭情结的鲜活体现。这样的节庆习俗中，传承的正是中国人固有的家庭亲情情结和家国情怀。

在现代家庭中，每个家庭还可以拥有家庭独有的体现家庭成员价值追寻的仪式。比如，有的小家庭会在孩子生日的时候，在家里为孩子庆祝生日，大家看一看孩子出生以来的一些照片，讲一讲孩子成长过程中的故事，让孩子感受到家庭的温暖和家人的关爱，也体会到父母养育的不易。有的家庭会在周末一起运动、欣赏电影或者做一件特别的事情。这些独有的家庭仪式，可以培育家人对于家庭的深厚情感和独特记忆，促成家庭成员的紧密情感联结和价值认同。

处在新时代，我们每一个人做好家庭家风建设，正是个人健康发展的重要根基，也是投身于中华民族伟大复兴事业的题中之义。

---

① 梁启超：《彭树欣选评》，《我们今天怎样做父亲：梁启超谈家庭教育》，上海：上海古籍出版社，2020年。

【家风建设案例】

高铭暄：为学者严，为师者亲

高铭暄，男，汉族，1928年5月出生，浙江玉环人，中共党员，中国人民大学法学院荣誉一级教授，北京师范大学刑事法律科学研究院名誉院长、博士研究生导师。当代中国著名法学家和法学教育家，新中国刑法学的主要奠基者和开拓者，中国国际刑法研究开创者。中国刑法学专业第一位博士研究生导师。2019年9月，获得"人民教育家"荣誉称号。

他是唯一全程参与新中国第一部刑法典制定的学者，也是女儿记忆中每天变着花样讲睡前故事的好爸爸；他是新中国第一位刑法学博士生导师，也是在学生第一次坐飞机紧张时轻声安慰的慈爱老人；他笔耕不辍、著作等身，还能抽出时间在孙子即将出生时默默备好婴儿衣服和用品。

你走近他时，感受到的不是学术权威的气场和国家荣誉的光环，而是一位老人的宽厚、慈爱和乐观。他是高铭暄，一个追随父亲足迹结缘刑法学的儿子，一个数十年如一日悉心照料妻子的丈夫，一个宽厚开明的父亲，一个学术造诣和做人品格都深深影响学生的老师。

追随父志，"为国家哪何曾半日闲空"

1928年5月，高铭暄出生在鲜叠。这是一个位于浙江省玉环县（现玉环市）三面环山、南临乐清湾的小渔村。背山临水，海路通畅，鲜叠与温州经济、文化相融的地缘关系决定了它较早地打开了看见"世界"的窗口，这样的成长环境在某种程度上带给高铭暄的是开阔的眼界和宽广的胸怀。

高家是鲜叠的殷户，高铭暄的祖父虽没读过书，却因与村里的一位秀才交好而深知读书的重要，他把两个儿子都送进了学堂。祖父的这个决定，开始了高铭暄与"法"的缘分。

高铭暄的父亲高鸣鹤通过努力考入浙江政法专门学校，毕业后在法院当书记官。高铭暄的叔叔毕业于温州中学，后来在宁海法院做书记官。"那个时候家里有很多法律的书籍，还有一些父亲在上海时订阅的杂志，我都很喜欢看。"浓厚的家学氛围直接影响了高铭暄的志向选择。

1937 年冬，上海沦陷。高铭暄的父亲不愿为日本人卖命，毅然弃官回家。年幼的高铭暄看着身穿长衫、立于厅堂的父亲，开始懂得了法官的铮铮铁骨。

1949 年 9 月，由于浙江大学法学院被迫停办，浙江大学法学院院长李浩培将高铭暄推荐到北京大学继续学习。

1947 年，高铭暄同时被浙江大学、武汉大学和复旦大学录取，最终他选择了浙江大学，并顺利进入法学院学习。此时，父亲已转调杭州法院工作。与父亲在同一座城市生活，父子相处的时间比之前多了许多。

"父亲对原来所在法院的院长郭云观十分钦佩和敬仰，说他清正廉洁、刚直睿智，常常拿他的例子教育我、督促我。"令高铭暄记忆深刻的是，父亲曾经抄写过一份朱柏庐的《治家格言》送给他。他装裱后挂在墙上，自警自省，至今仍能流利地背诵：

> 黎明即起，洒扫庭除，要内外整洁；
>
> 既昏便息，关锁门户，必亲自检点。
>
> 一粥一饭，当思来处不易；
>
> 半丝半缕，恒念物力维艰……

时光倏忽而过，从昔日孜孜求学的青葱少年，到如今著作等身的白发老者；从依靠父亲的关爱到承担起家庭的重任，高铭暄时刻谨记着父亲爱国、正直、节俭的教诲。

父亲对京剧颇有些心得，赋闲在家的日子不时指点高铭暄学唱名家名段。《洪羊洞》里杨六郎唱的那句"为国家哪何曾半日闲空"高铭暄学得极好。那时的他也不会想到，自己的一生能被人称为是这句唱词的真实写照。

身教言传，柴米油盐中传承人生道理

1959 年 5 月，高铭暄与北京师范大学教师朱美玉喜结连理。在女儿高燕红的童年记忆里，晚饭过后，父母总是各自占据一个书桌读书或者备课，小小的她也有样学样，拿着一份报纸或者一本书坐在旁边。这样一家人相伴夜读的场景，高燕红回忆起来仍觉平静而美好。

"小的时候，父亲无论多忙，晚上一定会抽出时间给我讲睡前故事，有的时候是照书讲现成的，有的时候是为了讲明一个道理临时编的。"

高燕红至今还记得父亲常讲的一则寓言故事：白鹅因为祖先曾经拯救罗马而傲慢自大，最终却因自身毫无作为而被人类宰杀。"现在想想，父亲应该是想告诫我们，哪怕父辈立下再大的功劳，如果你自己没有出息、没有本事自立，终究是难以在世上立足的。""父亲从来不是提要求要你们怎样做，他就是把事情做对，让你看在眼里，也就学会了。"儿子高晓东记得，小时候住的家属院里，各家都在楼道里码放蜂窝煤，自家的煤永远比别人家码得高一点窄一点，父亲觉得这样可以给过路人留下更宽的路。

高铭暄在生活中的节俭给孙子高若辰留下了深刻的印象："爷爷吃饭从来都不会浪费一粒粮食，就连配菜和配料也是吃得干干净净。"他至今仍记得和爷爷一起吃自助餐的经历。那是一次早饭，他当时还小，而且男孩子嘛，对培根、烤肠这些肉类特别感兴趣。高若辰盛了满满一盘子的肉和菜，可是眼睛大肚子小，一会儿就吃不下去了。

爷爷看在眼里，说："要不我帮你分担一些？咱们把这些都吃了吧。""爷爷那时候已经80多岁了，看着他一大早就吃了那么多泛着油光的肉，心里真是不太好受。"从那以后，不浪费食物成了高若辰谨记的道理。

细致周到，学术泰斗也是顾家好手

作为唯一全程参与新中国第一部刑法制定的学者、新中国第一位刑法学博导、改革开放后第一部法学学术专著的撰写者和第一部统编刑法学教科书的主编，高铭暄为我国刑法学的人才培养与学科建设作出了重大贡献。这位人们眼中的刑法学泰斗不仅事业有成，还有一个和睦融洽的大家庭。

由于夫人朱美玉的身体原因，操持家务、照顾子女等事情高铭暄承担了许多。"父亲工作很忙，回到家也有很多工作要处理，但是对于做家务他从无怨言。"高燕红回忆，父亲总是从堆满书和资料的书桌旁站起身，嘴里说着"我休息一下"，然后开始打扫房间、整理家务。

"虽然家里也有保姆帮忙做饭、处理家务，但爸爸每天回到家之后都会下厨再炒一个菜。"谈起父亲的厨艺，高晓东对素炒年糕和红烧平鱼赞不绝口："那个味道真的特别地道，一般的饭馆都比不了。"谁能想到，这位厨艺精湛的老人，在刚刚结婚的时候连粥都不会煮。

"父亲和母亲相处得特别和睦，从来没见他们拌过嘴红过脸。"高铭暄因为工作原因总是需要出差，不管去哪儿，他都会为夫人带回来当地的特色纪念品。高铭暄喜欢京剧，而朱美玉喜欢交响乐，不同的爱好却没有产生隔阂，每年元旦陪夫人一起听维也纳新年交响音乐会成了高家的固定节目。

2019年5月，是高铭暄夫妇结婚60年的钻石婚纪念日。"提前好几天，父亲偷偷把我们叫到身边，说想把家里人聚到一起吃顿饭，并特意嘱咐，要给母亲准备一套红色的衣服。"回忆起纪念日的场景，高晓东仍然很激动。他记得父亲从书包里拿出一个特别精美的锦盒，里面是一条项链。那是父亲一年前出差时就为母亲备好的礼物。

人生最美的场景，或许不是鲜衣怒马、烈火烹油，而是 60 年的相伴相守后，被夕阳晕开的两人并肩而坐的温柔剪影。

家风亦道，春风化雨间潜移默化

北京师范大学刑事法律科学研究院副院长王秀梅至今记得第一次到高铭暄家拜访时的情景。"当时我已经决定了要考高老师的博士，就想去他家里探望一下，出于礼貌我带了两盒茶叶过去。"王秀梅没有想到，这两盒茶叶却让她碰了一鼻子灰。"如果非要我收下你的茶叶，除非你把我们家这箱苹果抱走。"高老师的话让她感到有点"不近人情"，王秀梅无奈之下只能抱着苹果失望而归，她觉得高老师肯定是不会收自己当弟子了。

令她没有想到的是，考试成绩出来后，她顺利成为高铭暄的博士生。真正相处下来，王秀梅才知道，原来高老师从来没有收过学生任何东西，而且只要是高老师和学生吃饭，永远是他请客，他觉得学生的钱还是用来买书和资料更有意义。"我早该想到，老师在家里这种私人空间都这么坚持原则，更是证明了他的优良作风和高洁品格。"也正因为如此，王秀梅在走上和老师一样的道路后，每次和新的学生见面一定是自己请客。"这一点我记得牢牢的。"王秀梅说。

北京交通大学法学院副教授朱本欣也对第一次到访高老师家的情景印象深刻。"完全想象不到，那么著名的一位学术泰斗，家里的房子那么小那么旧。"逼仄的书房里，靠墙的书柜早已装满，地上、书桌上、沙发上甚至床上，到处都摆着书和各种资料。

高铭暄一家在物质生活上是俭朴甚至"吝啬"的。起初，朱本欣并不能完全理解老师的这种朴素。"刚毕业那几年，开始接触到社会上各种各样的人，总觉得老师居于这样的学术地位，真是太亏待自己了，特别想补偿他。"于是那段时间，逢年过节，朱本欣去高铭暄家拜访时，都会给他带上新买的衣服，让他出席各种会议和活动时穿。可每次临走前，高铭暄都会塞更大的红包给她，数目要远远大于衣服的价钱。

几个来回下来，朱本欣渐渐体会到了高铭暄的良苦用心。"我现在对吃穿住这些方面，也看得特别淡了，只有搞好教研，才是对老师最好的报答。"朱本欣说。

作为一名教师，高铭暄的家风作为"传道"的一部分，在日常往来中深刻影响着学生的作风和家风。

"老师是出了名的节俭。"学生陈冉回忆，第一次跟高老师出差，老师拎了个尼龙和皮革拼接的手提包，"皮革的地方已经磨得全是小碎块，尼龙那面全都起毛了。""高老师，这包都破成这样了您怎么还用啊，要是拎着拎着散了架不就麻烦了？"陈冉问。高铭暄淡然一笑："这包挺好，是以前开会发的，结实又特别能装东西。"直到几年以后，等到这个包彻底"散架"了，陈冉才看见高老师又换了一个新的，然而仔细一看，还是一个会议上发的装资料的包，这让陈冉从心底生出敬意。

桃李不言，下自成蹊；德之休明，没能弥彰。一箱苹果、一套衣服、一个手提包，这些生活中的点滴日常化作无言的教诲，被高铭暄的学生深深铭记，浸润心灵。

（资料来源：《清传家系列报道之高铭暄》，中央纪委国家监委网站，http://v.ccdi.gov.cn/2022/06/08/VIDEhDEbNGYBSwwVcj50MFjU220608.shtml.）

【任务单】

回忆自己的成长经历，想一想自己家庭的家风是什么。总结一下自己在建设家风方面有什么好方法。

一、"我家的家风"

回顾自己的成长经历，想一想自己家庭中的家风是什么，并写下来。

_____

_____

_____

_____

_____

二、建设家风的好方法

总结自己家庭的情况，联系所了解的家风建设基本方法，想一想：自己有哪些建设家风的具体做法？一一写下来，并对这些做法进行评价。

家风建设的做法	有什么优点?	值得注意的地方

资源链接

1. 中央纪委监察部网络中心：《中国家规》（中国方正出版社，2017年）

该书由中央纪委网站的100期"中国传统中的家规"专栏内容结集而成。全书讲述了50个中国历史上有影响的人物或族群的家规家风故事，起于春秋时期孔子，止于晚清梁启超，包括杨震、王羲之、范仲淹、包拯、张载、王阳明、林则徐、曾国藩等历史人物，以及浙江郑义门、山西乔家大院、福建客家等知名族群，收录了历史上号称"家训之祖"的《颜氏家训》、传诵千年的诸葛亮《诫子书》、被誉为"治家之经"的朱柏庐《治家格言》等家规名篇。通过讲述历史上那些充满温情和智慧的家风家教故事，展现中国家规深厚的历史底蕴和现代的传承发展，弘扬中华优秀传统文化，坚定文化自信。

2. 中央纪委国家监委宣传部等：《中华家风文化通论》（中国方正出版社，2020年）

该书对中华家风文化的核心内涵、源流嬗变及价值功能等进行了较为系统的梳理探究，并在此基础上对弘扬优秀历史文化传统、涵养新时代家风文化提出具体可行的培塑路径。全书视野宏大、脉络清晰，具有较强的思想性和知识性，对读者深入了解中华家风文化、汲取历史智慧具有一定参考价值。

3. 中央纪委国家监委宣传部等：《家风建设丛书》（中国方正出版社，2020年）

该丛书坚持以习近平总书记关于家风建设的重要论述为指导，贯彻落实十九届中央纪委四次全会关于"注重家风建设，引导党员、干部修身律己、廉洁齐家、培养现代文明人格"的重要部署，包括《清风传家》《严以治家》《中华家风文化通论》《中华家训简史》《红色家规》。全书采写与点评相印证、剖析与警示相结合，事理并重、情理交融、图文并茂。入选中央宣传部 2020 年主题出版重点出版物。

《清风传家》采访党的十九大以来获得国家级荣誉的 25 位英模党员，深入挖掘他们在家风建设方面的先进事迹。

《严以治家》通过深刻剖析近年来查处的 24 个违纪违法典型案例，揭示腐化堕落与家风不正之间的深层关联、家风败坏的危害及根源。

《中华家风文化通论》对中华家风文化的核心内涵、源流嬗变及价值功能等进行较为系统的梳理探究，并在此基础上对弘扬优秀历史文化传统、涵养新时代家风文化提出具体可行的培塑路径。

《中华家训简史》详细梳理了古代家训的发展脉络，撷取具有代表性的各类传统家训进行综合分析和比较研究，充分展现了中华家风家训文化悠远的历史源流和丰富深刻的思想内涵。

《红色家规》讲述了老一辈无产阶级革命家的家风、家规、家训故事。老一辈无产阶级革命家率先垂范、言传身教，对子女、亲属、身边工作人员严格教育、严格要求、严格管理，是新时代党员干部推进家风家教建设的生动教材。

4. 视频《清风传家：韦昌进：要有本事，更要守本分》

http://v.ccdi.gov.cn/2022/ 04/02/VIDE43cdnyr7h3RAR4kvf51k220402.shtml 中共中央纪律检查委员会、中华人民共和国国家监察委员会网站。

02

第二章
优化家的运行：
家庭功能

家庭是心灵的港湾，是我们可以放松、可以随意表露自我、可以获得温暖的地方。基层工作者作为社会服务者和管理者，在照顾家庭、养育子女和赡养父母等家庭方面，承受着更多的工作、社会和家庭压力。而家庭的无私支持、家庭的和谐氛围对基层工作者的心情、情感等多方面都会产生影响，而这种影响会直接影响基层工作者的日常工作。因此，家庭功能的优化对基层工作者的心理、工作以及促进社会和谐发展的作用不可小视。

第一节
基层工作者的家庭功能与心理健康

一、家庭功能的概念

古语云："天下之本在家。"中国社会历来重视家庭的作用。梁漱溟先生在比较中外政治文化时指出，中国是一个伦理本位的社会，而这个伦理本位的中心就是家庭。一个人的成长，离不开家庭的培养；同样，一个社会的发展，也离不开千千万万家庭的支撑。

家是心灵栖息的港湾，家人是最坚强的后盾。家庭功能亦称家庭职能，家庭在人类生活和社会发展方面所起的作用受社会性质的制约，不同的社会形态构成不同的家庭职能，有些职能是共同的，是任何社会都具有的，有些职能是派生的。

中国的家庭功能基本上分为生产职能、生育职能、生活职能、感情交往职能、抚养和赡养职能、教育职能和娱乐职能等。[①]家庭作为最基本的社会单位，有两个社会功能：一是生产功能，二是文化功能。而家庭最容易被人忽视、事实上又非常重要的，是它的第三种社会功能——治理功能。进入现代社会，家庭的生产功能和文化功能在一定程度上都被弱化，但是家庭的治理功能不仅不该被弱化，相反有必要不断强化。一方面，家庭可以有效弥补现代化进程所带来的情感缺失和社会失序。另一方面，家庭协同社会治理，可以让社会治理更趋柔性化，对刚性的法律、制度方式而言无疑是一种积极的补充。特别是在一个超大规模的社会中，社会治理要直接面对具体的个人，做到讲人性、达人心，家庭的作用就更加不可或缺。呵护好、

---

① 吴忠观：《人口科学辞典》，成都：西南财经大学出版社，1997年。

经营好家庭，在适当的时候承担社会治理的责任，正是以"家"为中心的文化共同体一以贯之的传统和优势所在。

构建和谐家庭是构建社会主义和谐社会的重要基础和条件，其关键在于夫妻双方，因为他们是家庭的负责人。基层工作者既是国家公职人员，又是社会大家庭的普通成员及家庭小社会的构成因子。他们也是人，有血有肉有情感，要让这个"细胞"运转良好，传承和建设好优良家风，做到相亲相爱、真诚相待、同甘共苦、共同奋斗，必须确保其心理健康。

二、家庭功能促进与心理健康的关系

"家庭功能"概念在 20 世纪 70 年代首次被提出后，在心理学尤其是心理咨询和治疗领域中占据重要的地位。家庭为家庭成员心理、生理、社会性等方面的健康发展提供了保障。为此，家庭系统要完成满足个体衣、食、住、行等方面的物质需要，以及应付处理家庭中各种突发的事件等一系列任务，推动家庭及其成员的发展。

家庭功能对心理健康有重要的影响。一个健康的家庭能较好地发挥其家庭功能，可以提高家庭成员的心理健康水平；而一个不健康的家庭不能很好地发挥家庭功能，会导致家庭成员产生心理疾病。

【延伸阅读一】家庭功能与心理健康

无论哪个年龄群体，家庭功能都与心理健康密切相关。家庭功能对个体情绪和心理疾病的诊断、疗效、预后和回归社会都有重要的影响作用（贾岩、李建明，2013）。许多研究证明，良好的家庭功能有助于精神疾病患者的康复。有研究发现，家庭功能与抑郁症患者的康复有显著的关系，家庭功能良好的抑郁症患者明显比家庭功能不好的抑郁症患者预后效果好。良好的家庭功能对促进其心理健康有重要意义。

【延伸阅读二】家庭是基层工作者的后盾，构建"和谐家庭"，是基层工作者的必修课

一些同志走上领导岗位之后责任大、任务重，往常的恩爱减少，对家庭照顾不到位，夫妻之间易产生矛盾。

一、正确对待，夫妻之间的争吵不必分输赢

在日常生活中，再恩爱的夫妻也难免会吵架。但具体如何对待吵架，不同的夫妻有不同的态度。有的夫妻终日吵得鸡飞蛋打，严重的甚至导致婚姻破裂。而有的夫妻则能做到在吵完架后各让一步，互相体谅，并最终和好如初。

"在天愿作比翼鸟，在地愿成连理枝。"相敬如宾、举案齐眉的婚姻是大部分夫妻所渴望的，但事实上很难做到。在几十年同床共寝中，没有人能做到不出现磕磕碰碰。常言道："牙齿和舌头还有打架的时候"，更何况是感情丰富、性格各异、有血有肉的人。夫妻间出现点小矛盾和磕磕碰碰是很正常的事情，问题的关键在于如何去对待这些不请自来的矛盾，然后很好地去解决它，不让矛盾激化和扩大。

小王下班突遇大雨，浑身湿透，结果回到家却看见丈夫在惬意地看电视。她不由心生怒火："我都淋成落汤鸡了，你还在这儿看电视，就没想着给我送伞？"丈夫只顾看电视了，没看天也没看窗外，所以觉得很委屈："你怎么不来个电话，我好给你送伞。"小王更加生气："我不给你打电话，你也应该知道去接我，你心里从来都没我。"由此，两人开始大吵大闹。

这位妻子的表达就有一种错误倾向，那就是不断极端化、不断高度概括，最终由一件小事得出丈夫不爱她的结论。这是一种典型的情绪化表达，非常容易将小事变大。如果伴侣一次次听到这样极端的判断，他在潜意识里就会害怕交流，进而拒绝交流，问题在心中越积越多，最终有一天会爆发。

在日常生活中，争论、斗嘴甚至吵架不可避免，但争吵的目的是统一分歧的意见，达成共识，而不是扩大感情的裂痕。所以，夫妻间的争吵应该恪守不影响夫妻感情、不使矛盾升级的原则，夫妻双方都应保持理智。

二、夫妻间争吵必须注意的八件事

（1）矛盾不过夜。发生争吵之后，夫妻双方都应快速冷静下来，查找自己的不足，回忆对方的优点与长处，不让矛盾激化。有的夫妻争吵之后，晚上睡觉时不理对方，心存怨恨，这样极易导致矛盾升级。

（2）动口不动手。无论发生什么纷争，都要心存"君子动口不动手"的信念，讲事实、摆道理，做到不打人、不骂人，一动手矛盾就会激化，性质就会恶化，引起另一方的逆反心理，不利于矛盾缓和。

（3）不扩散矛盾。俗话说："清官难断家务事，解铃还须系铃人。"夫妻之间的事情要靠双方理智地去解决。除非矛盾的性质已发生本质变化，否则不要轻易去告诉朋友和亲戚，不要向左邻右舍扩散。

（4）莫提旧事。夫妻间发生争论时，应就事论事，是什么问题就解决什么问题，不要把陈年旧事、鸡毛蒜皮的小事挂在嘴边，切勿"提起葫芦根也动"，上挂下连，旁敲侧击。

（5）尽快休战。夫妻间发生争吵，不要无休止地闹下去，要尽快结束"战事"，实在一次讲不清的，干脆不讲，进行冷处理，让时间来化解矛盾。

（6）避让老小。当着老人或孩子的面争吵是非常不明智的，而且千万不要拿老人或孩子来出气。夫妻间的矛盾要学会自己解决，不要迁怒于他人，特别是老人和孩子，他们是无辜的，伤及无辜才是最大的伤害。

（7）不搞分居。夫妻之间发生争吵后，切勿以离婚相威胁，以分居来报复，更不能以不回家作要挟，这些方式对化解夫妻矛盾没有一点好处。

（8）不摔物品。有的夫妻一争吵起来，就爱打砸东西、摔盆扔碗，搞得全家狼狈不堪。这是一种相当愚蠢的行为，也是一种素质差的表现。矛盾激烈时，一方不妨避让一下，缓和情绪后再坐下来平心静气地谈谈，看孰是孰非，知错就改。事实上，夫妻间只要站在平等的地位上经常与对方换位思考，很多矛盾就都能够得到谅解、理解和化解，彼此僵持的局面很快就会打破。真正的爱情对男女双方来说并不是谁是谁非或谁失谁得，彼此爱的成功与失败都由双方共负。要知道，爱情领地里，不是双赢就是双输，绝没有单方面的输赢。

三、要做一个幽默的伴侣

常言说：灯不点不亮，话不讲不清，理不说不透。夫妇二人经常陷入恶性循环的争吵之中，很大一部分原因就是缺少交流沟通，缺少对对方的理解抚慰和自我批评，有时甚至缺少化解矛盾的一点点幽默。如果你采取巧妙一点的方式，很多矛盾是能化解开的。有位妻子性格比较泼辣，常对丈夫发脾气，而这位丈夫总是对旁人自我解嘲道："讨这样的老婆好处很多，可以锻炼我的忍耐能力。"有一天，他的老婆又发起脾气来，大吵大闹，很长时间还不肯罢休，丈夫只好退避三舍。他刚走出家门，那位怒气难平的妻子突然从楼上倒下一大盆水，把他浇得像落汤鸡。这时，丈夫打了个寒战，不慌不忙地说："我早就知道，响雷过后必有大雨，果然不出所料。"妻子听见他的话，忍不住笑出了声，对丈夫的怨气也化解了不少。一对夫妻吵架吵得不可开交，互不相让。最后，丈夫恼火了："你走吧，把属于你的东西都带走，不要再回来了。"妻子无可奈何地收拾东西，最后提着一只旅行袋，把一只空麻包往丈夫身上一扔："你钻进去。""干什么？"丈夫吃了一惊。"你也属于我，我也要把你带走。"如此一说，丈夫不但忍俊不禁，夫妻还和好如初，这便是幽默带来的妙处。吵架伤神、伤心，如果非要争个你输我赢的话，那么爱情的裂隙只会越来越大，弥补的难度也会更加困难。一方退让，或者双方都自我反省，才是解决夫妻间矛盾最好的办法。

（资料来源：https://wenku.baidu.com/view/ca5bf2dbff0a79563c1ec5da50e2524de518d0a9.html？_wkts_=1670386322206）

第二节
基层工作者家庭功能优化的基本视角

俗话说："官有官德，民有民风。"构建和谐家庭，基层工作者更应充分发挥先锋模范作用，解放思想，忠诚立家、从严治家、修身齐家、耕读传家、勤俭持家、实干兴家，做新时代构建和谐家庭的典范。

一是知感恩，坚持忠诚立家。一名基层工作者的成长凝结着组织的培养和人民群众的厚望。基层工作者能力的增强、水平的提高、经验的积累，在很大程度上是以各种社会成本的消耗为代价的。正因为如此，基层工作者必须要懂得知恩、感恩、报恩。做到忠诚立家，最基本的就是要始终做到忠诚于党、忠诚于国家，以忠诚的品格影响和带动家庭成员。要始终忠诚于党，把对党忠诚纳入家庭家教家风建设，坚决做到"两个维护"，永远听党话跟党走，任何时候都与党同心同德、永不叛党。始终忠诚于国家，积极做爱国主义的坚守者和传播者，秉持"先天下之忧而忧、后天下之乐而乐"的人生理想，始终把国家富强、民族振兴、人民幸福作为努力志向，旗帜鲜明反对分裂国家图谋、破坏民族团结的言行。始终忠诚于家庭，秉持孝道，引导和教育孩子感念父母养育之恩，学会孝敬父母、尊敬长辈。

二是知敬畏，坚持从严治家。纪法是成文的道德，遵纪守法是家风建设的底线。必须教育引导家庭成员自重、自省、自警、自律，远离贪腐、洁身自好，时刻警惕别有用心的人"围猎"。对于家人身上的苗头性问题，要坚持原则，放下私情，早教育、早制止、早纠正，切实守护好家庭这片"廉洁港湾"和家庭成员的内心留白之处。同时，基层工作者必须牢记"头上三尺有神明""鱼和熊掌不可兼得"的道理，严守党章党规党纪和国家法律法规，严格约束自己，始终坚守底线、不踩红线、不碰高压线，为亲属子女严守法纪做出表率。

三是知大德，坚持修身齐家。品行道德是一个人立身之本。作为新时代的领导干部，要做家风建设的表率，就要更加注重修身立德，加强党性修养、坚定理想信念、提升道德境界，筑牢立身之本、为政之基。具体来说，可以从慎初、慎独、慎微、慎友上下功夫。慎初，就是不忘初心，始终牢记为人民服务宗旨，时刻保持政治上的清醒，系好第一粒纽扣、把好第一个关口、守住第一道防线，谨防糖衣炮弹的攻击和"温水煮青蛙"的陷阱，永葆共产党人的赤子之心。慎独，就是一个人独处时仍能严格要求和保持自我，始终做到表里如一。慎独作为一种高度自律的状态，既是个人修为的重要体现，也是有效检验基层工作者党性原则的标尺。基层工作者保持慎独的修养本色，就要严于律己、高度自律、保持定力，做到人前人后一个样、八小时内外一个样、台上台下一个样、有没有监督一个样。慎微，就是要注重小事、小节，不能因小失大，坚持从家人管起，"不以善小而不为，不以恶小而为之"，见微知著、防微杜渐。慎友，就是要管好自己的交往圈、朋友圈，以德为要、以信为基，亲君子、远小人，交往有原则、有底线。

四是知方向，坚持耕读传家。学习能使人开阔眼界、明辨方向、增添力量。对新时代基层工作者来说，读书学习既是党的优良传统和历史经验，也是"济世传家"的良好方式。一方面，通过学习读书，可以磨砺干事创业真本领，更好地履职尽责；另一方面，在家庭中营造注重学习、勤于读书的良好氛围，可以使家庭充盈书香，进而涤风励德、淳风化俗。广大基层工作者做到耕读传家，要主动把学习作为一种追求、一种爱好、一种健康的生活方式，带头学习党史、新中国史、中国近代史、中华文明史，带头学习革命先辈、英雄模范和时代楷模先进事迹，潜移默化地开展理想信念教育和中国特色社会主义宣传教育，引导家庭成员切实增强"四个自信"；同时，要坚持"活到老，学到老"的学习态度，不断学习新知识、掌握新本领，争做本职岗位上的行家里手，以实际行动为家庭成员做出榜样。

五是知艰辛，坚持勤俭持家。艰苦奋斗、勤俭节约不仅是中华民族的传统美德，也是我们党始终保持同人民群众血肉联系的重要纽带。不可否认，在物质生活条件大大改善的今天，一些基层工作者勤俭节约意识有所淡化，享乐主义、奢靡之风在一定程度上还存在。对基层工作者来说，厉行节约不仅是一种个人私德，还是一种社会公德，要将勤俭节约作为一种习惯、一种美德、一种力量，当作共产党员应该长期坚持的政治本色，贯穿到工作生活的每个环节，从细微处入手、从点滴处做起，使家庭成员都懂得"一粥一饭当思来之不易，半丝半缕恒念物力维艰"的道理，将勤俭节约作为个人应有的社会责任和道德素养。

六是知担当，坚持实干兴家。空谈误国，实干兴邦。对一个家庭而言，也是如此。新时代是奋斗者的时代，幸福都是奋斗出来的。不论是个人成长、事业发展，还是家庭幸福、国家富强，都是一点一滴、一天一天干出来的。基层工作者，"干"是当头的，只有靠实干才能不辱使命、不负重托。要履职尽责、奋发有为，把心思用在服务群众、改善民生上，把精力用在察民情、解民难、促发展上，把时间用在为群众办实事、办好事上，当好群众的"领头雁""排头兵"。同时，基层工作者要教育引导家庭成员摒弃不劳而获的思想，脚踏实地、苦干实干，把大事干精彩、把小事干精致，努力实现自己和家庭的梦想。

一、对爱人要亲爱而不嫌不宠

个别基层工作者随着地位的改变，思维方式、工作方式和生活方式发生大改变，受西方腐朽思想的侵蚀，世界观发生变化，渐渐对结发爱人看不顺眼，觉得对方无论哪个方面都跟自己的身份不相配，百般挑剔。

每个基层工作者在生活上要严格要求自己，以爱家为荣，以家庭责任感淡泊为耻，要加强修养，注意检点，以保持思想道德上的纯洁性。一是要做到分担家务。首先，协助爱人搞吃喝。星期天、节假日，上街买菜，下厨做饭，特别是在招待客人时下厨，露一手做几道好菜，既可以活跃家庭气氛，又可使夫妻恩爱。其次，抚教子女。这是一项很重要的家务，既要把孩子抚养成人，又要把孩子教育成才，这是夫妻双方的共同责任。最后，帮爱人做好家务。这是爱这个家的表现。二是助其发展。有的基层工作者感恩于爱人对他事业发展的帮助，感恩于爱人对他工作的支持，感恩于生活上无微不至的照顾，对"枕边风"百依百顺，以致出现有的爱人参与单位政事、干预政事，拿原则做交易；有的飞短流长，打歪主意，出馊主意，严重损害了基层工作者的形象，在群众中造成极坏的影响。基层工作者家庭修养首先要处理好与爱人的关系，做到公事、家事两分开。

总之，处理夫妻关系，基层工作者都要以敬爱的周总理为榜样，共同遵守"八互"原则，即互爱、互敬、互勉、互慰、互让、互谅、互助、互学，这是对社会主义条件下夫妻相处道德准则的高度概括。

二、对子女要疼爱而不娇不纵

疼爱子女，是人之常情。基层工作者也应该给子女以爱抚，但这种爱抚必须是正常的，有利于子女的成长。

老一辈革命家在对子女的疼爱上，他们更多的是关注精神层面，除了要求子女们老实做人、谦虚谨慎、诚实守信、自强不息之外，还注意以身作则，要求子女们学习保持炽热的战士品格和勇士精神，是君子就要威武不屈、富贵不淫、贫贱不移，是战士就不言败、不苟且、不虚伪，直面人生。基层工作者让自己的孩子和普通老百姓的子女一样生活和工作，不搞特殊化，教育孩子以平等的态度对待同辈人。

三、对老人要敬爱而不烦不厌

尊敬老人，是我们中华民族的传统美德，基层工作者应该从我做起，做出表率。

一是对父母要有孝心，学会感知父母之爱。"百行孝为先"，孝是爱心的表现，是对父母的一种至真感情的流露，是对生命的诚挚感谢，更是无怨无悔的回馈报恩，孝敬父母是为人的基本准则。对父母行孝要及时，不要存有"等我条件好了，官做大了，再孝敬父母"的念头，有多大能力就尽多大孝心，切不可留下"子欲养而亲不待"的遗憾。

二是要尊重父母。爱父母比较容易做到，尊重父母有时不容易做到。我们成年后，总感到自己已经比父母强，明白得多，会嫌父母唠叨，没有见识，有时还瞧不起自己的父母。我们无法选择出身，但那比金矿还富有的父母之爱是我们一生享用不尽的，父母给了我们爱足矣，其他都不重要，无论他美与丑、贫与富。所以，对父母应该要宽容大度、谦让，尤其不要挑刺。平时父母做得不够好时，要懂得宽容与理解，要懂得做父母的不易。因此，基层工作者应当从爱护子女之情中深刻领悟父母对自己的养育之恩。

四、对邻里要仁爱而不亲不疏

俗话说："远亲不如近邻"，处理邻里关系既能增加相互之间的友谊，营造一个宽松愉快的生活环境，又有利于构建和谐家庭。基层工作者应该密切联系群众、正确处理邻里关系，做到"三多三少"。

一要多谦让，少计较。邻里之间"抬头不见低头见"，打交道的机会多，产生矛盾的机会也多。一旦出现分歧，要心平气和，不要得理不饶人，更不能趾高气扬、高高在上。

二要多关心，少冷漠。对邻里要常怀一份爱心，待人接物胸怀坦荡、淳朴真诚，邻里有困难，要尽力相助，不要视而不见、漠不关心。在日常琐事中，要多为对方设想，不要自私自利。比如，邻居家中有了什么困难，要尽力帮助，对邻里孩子要关心爱护。"爱人者人恒爱之，敬人者人恒敬之"说的就是这个道理，真诚地关心他人，设身处地为他人着想，这样便可以增进人与人之间的情谊。

三要多信任，少猜疑。猜疑是邻里之间产生矛盾的原因之一，真正的和睦相处应建立在信任的基础上。首先，不要打探邻居的经济收入。经济对于每个人都很重要，从世俗的意义上说它就是人的身价和底牌，富者未必想露富，穷者未必想露穷。其次，不要打探别人的私生活。许多事是不愿对外宣布的，过多地谈论别人的私生活，是很无趣且很不明智的。最后，不要在背后议论邻里长短，不要看到邻居同其他邻居来往密切就认为对自己有成见，以致疑虑重重。

总之，构建和谐家庭要有一个人数众多的社会示范群体，有赖于他们身体力行、楷模导向。只要每个基层工作者立即行动起来，做构建和谐家庭的典范，就一定能更好地建设社会主义和谐社会。

（资料来源：https://xueshu.baidu.com/usercenter/paper/show？ paperid=8ba43989 5a6b3b40d1cfc56f968be76f&site=xueshu_se）

第三节
基层工作者家庭功能优化的典型案例

【家风建设案例】以家风建设激发由贫转强的蓬勃动力

　　湖南省平江县三里村由原三里、竹岭两村合并而成，辖 22 个村民小组，总面积 9 平方公里，总人口 629 户 2530 人，其中建档立卡贫困户 147 户 513 人。近年来，针对农村诸多陈规陋习，三里村在全力抓好脱贫攻坚的基础上，突出以家风建设为主要抓手，全面推进文明乡风建设，村民婚事新办、丧事简办、他事不办，以及诚实守信、勤俭持家、敬老孝亲等现象已蔚然成风，人情负担大大减轻，广大群众生产生活积极性空前高涨。

一、以村规民约为基，让家风导向入脑入心

　　不以规矩，不成方圆。2019 年以来，三里村突出以家风建设、移风易俗为主要内容，加强"村规民约"的制定和落实，使文明新风思想真正扎根于群众心中。一是村规民约村民定。坚持以片、组或屋场为单位，每年广泛召开村民户主会、家庭主妇会，由村民对"村规民约"内容逐条逐项进行讨论和表决。凡没有得到大多数群众认可的条款，一律不写入；凡纳入"村规民约"的，一定是得到绝大多数群众认可、赞同和支持的。同时，积极引导群众将"婚丧事宜酒席操办最多不能超过 15 桌，除了婚丧事宜外一律不操办酒席，婚丧事宜不得出现低俗闹婚、闹丧现象"等移风易俗相关要求纳入"村规民约"。这样，既充分发扬了民主、形成了共识，提高了村民订约履约的自觉性、积极性和主动性，又充分尊重了群众意愿，凝聚了群众智慧，体现了"村规民约"的科学性和可行性。二是村规民约村民守。"村规民约"讨论制定后，关键在遵守和执行。三里村发动支村"两委"班子成员、"两代表一委员"、党员组长带头签字、带头承诺、带头遵守，牢牢抓住关键少数，并逐步带

动其他村民签订《遵守村规民约承诺书》，强化"我制定、我知晓、我承诺、我执行"的自我约束意识，使"村规民约"逐步成为村民自觉遵循的行为准则，确保"约"出好习惯，"约"出好家风。三是村规民约村民督。为保障"村规民约"的有效落实，三里村以片或组为单位，每片或组推选出 3 名德高望重、责任心强、善做群众工作、敢于较真碰硬的老党员、老干部和家族主事人，组成"三人监督小组"。"三人监督小组"依照"村规民约"规定，采取邻里监督、巡察监督、举报监督等方式，第一时间发现、劝导、制止各类违规行为，对违规群众落实处罚措施并进行帮教。通过正面倡导奖励、反面曝光处罚相结合的方式，有力推动了家风建设和移风易俗"严"起来、"顺"起来、"实"起来。

千家万户自然千差万别，良好家风需要约定俗成的规则和统一规范、切实可行的制度来引导和衡量。三里村将文明家风建设主旨和要素融入"村规民约"，将"村规民约"的制定、实施和执行转变为权益表达的平台、凝聚共识的纽带和基层自治的阵地，让家风建设成为村民自己想做、该做、能做的分内事，为营造良好家风和淳朴民风提供了基本保障，也为由贫转强、跨越发展注入了强大精神动力。

二、以奖罚有度为要，让家风标尺立深立牢

赏罚不明百事不成，赏罚若明四方可行。在三里村，家风建设不仅是各家各户的事，而且是本组本片本屋场的事；不是可有可无的"软任务"，而是奖罚分明的"硬杠杠"。通过让公约生"威"、让家风带"电"，进一步传导了创建压力，立牢了家风标尺。一是定优劣。将"诚实守信、尊老爱幼、遵规守法、勤俭持家、和睦邻里、爱护环境"作为家风建设的主要内容和考察评比的主要标尺，经村民小组讨论推荐、村民代表大会评议审定后，将村民家风情况评定为"优良、合格、基本合格、不合格"四个等次，"优良家风"家庭必须符合评比参考标准，获得群众公认，且年度评定比例不超过全村总户数的3%。反之，只要出现大操大办、参赌聚赌、严重铺张浪费或其他造成恶劣社会影响行为的家庭，将被评定为"家风不合格或基本合格"家庭。连续两年被评为"家风基本合格"家庭将直接认定为"家风不合格"家庭。从2019年至今，三里村共评定"家风优良"家庭105 户、"家风基本合格"家庭9 户、"家风不合格"家庭3 户，真正评出了民主、评出了"辣味"、评出了实效。二是明奖罚。针对不同家风等级，严格兑现相应奖罚。对评定为"家风优良"的家庭，公开表彰、授牌嘉奖；对评定为"家风基本合格"的家庭，安排专人帮教整改；对评定为"家风不合格"的家庭，在全村公示"亮丑"，经1 至3 年考察期后，经"本人申请、村民代表大会评议、村级公示"

后方可"摘帽"。凡未如期"摘帽"的"家风不合格"家庭，其成员在相关资格审查（如政审）银行授信评估、照顾性政策支持等方面，将如实反映家风情况，影响最终结果。由于尺度清晰、奖罚分明，全村家风建设扎实推进，社会风气明显好转。三是重帮教。惩罚警示只是手段，教育转化才是目的。对"家风不合格""家风基本合格"家庭，由村干部结对帮教，并以片、组或屋场为单位，组织老党员、老村干部、宗族负责人、离退休教师、致富带头人等成立家风建设帮教小组，对"家风基本合格"和"家风不合格"家庭开展长期帮教，全方位帮助他们提高认识、端正态度、转变家风，尽早"摘帽"。通过帮教，该村2019年以来评定的9户"家风基本合格"均已转变为合格家庭，3户"家风不合格"家庭有2户已成功"摘帽"。

家风不仅关系到一身之进退、一家之荣辱，而且关系到一方党风、政风、民风。三里村通过科学合理、实在有效的评比，通过严明奖惩、全面帮教，将家风建设由"虚功"变为"实招"，由"软件"变为"硬件"，由"家内"变为"家外"，让村民心有所畏、言有所戒、行有所止，成为促进乡风文明、推进基层善治的典型。

三、以统筹结合为本，让家风引领见行见效

天下之本在家，家风正则万事兴。在优良家风建设的具体实施过程中，三里村还将家风建设与党的建设、控辍保学、禁违治违、粮食生产、人居环境、生态保护、移风易俗等多项工作有机结合、统筹推进，工作成效显著。一是以家风促党建。三里村制定出台了《党员创建优良家风家庭三年行动计划》，要求所有党员在家风建设中做到"学、讲、管、改、带、帮"，三年内必须带头创建"优良家风"家庭，党员"双争"积分考核重点看家风建设情况，形成了"党建＋家风"的工作品牌。目前，全村49名党员中已有43名成功创建"优良家风"家庭。二是以家风促文明。为了进一步强化基层社会治理、推进文明乡风建设，结合家风建设，广泛发动村内热心人士组建了移风易俗文明劝导、人居环境、治安巡逻、纠纷调解、应急救灾、关爱老人儿童等众多志愿者队伍，对热心参与村级工作或公益事业的村民在家风等级评定时给予加分。通过优良家风建设，大操大办、乱埋乱葬、低俗婚闹、奢侈浪费等社会乱象已基本杜绝。近三年，三里村共规范简办婚丧事宜85例，劝导其他事宜不办酒席76起，为村民节约开支、减轻人情负担300多万元。三是以家风促产业。开展家风建设使政策精神、现代思维、文明理念在潜移默化中深入人心，凝聚了发展共识，规范了日常行为。村民文明素养提高了，村级发展环境变好了，致富产业也引得进来了。2017年，三里村成功引进了峰岭菁华"水果＋养殖＋光伏"产业，依托良好的发展环境，目前共种植水果近万亩，新建了 4800 头的能繁母猪基地和有机肥料厂。除每年固定的土地流转、利润分红外，该产业每年可为村民提供就业岗位 300 个以上，有效带动了村民增收致富。

（资料链接：http://www.moa.gov.cn/xw/bmdt/202203/t20220324_6393851.htm）

03

第三章

和谐家庭构建：
工作—家庭平衡

　　弗洛伊德曾经说过："爱与工作是人性的基石。"鱼与熊掌不可兼得，基层工作者在生活中难免会遇到工作与家庭相矛盾和发生冲突的问题。如何在二者之间取得平衡、化解二者之间的矛盾和冲突，是基层工作者面临的难题之一。这个难题如何解决，将直接影响精神状态、工作表现、职业发展和家庭和谐。作为一名新时代的基层工作者，应该如何正确处理工作和家庭之间的关系，找到促进工作和家庭关系共同健康和谐发展的平衡点呢？

第一节
基层工作者工作—家庭平衡与心理健康

一、基层工作者的心理健康

拥有良好的心理素质，保持健康的心理状态，是基层工作者履行职责、应对竞争、不断提高执政能力的客观要求。但是，目前基层工作者普遍存在心理疲劳、压力过大的现象，不同程度地出现了心理健康问题。因此，基层工作者的心理健康状况已成为亟须关注并认真加以解决的问题。

心理健康是指个体在适应环境的过程中，生理、心理和社会性方面达到协调一致、保持一种良好的心理功能状态。其标准主要包括以下五个方面：一是具有良好的情绪体验，即能够有效控制并合理发泄情绪；二是具有健全的人格品质，即能够时刻保持人格的健全完善和人格的健康完整；三是具有正常的心理反应，即能够能动地适应和改善现实环境；四是具有清晰的自我认知，即能够恰如其分地认识自己、评价自己；五是具有和谐的人际关系，即能够及时协调妥善处理自己与不同对象之间的关系。

随着社会竞争的加剧，人们的活动方式、思维方式正发生巨大变化，生活节奏普遍加快，压力日益加大，给人们的心理过程、心理状态、心理特征带来了巨大的影响，人们由此产生的心理问题也逐渐增多。基层工作者也是生活中的普通人，不可避免地也会遇到心理问题。他们比一般人担负的责任更大，因而也就有比一般人更强的责任心，由此所生产的焦虑感、危机感等心理负担比一般人更多、更重。但是，在现实工作和生活中，基层工作者的心理是一个被忽视的领域。这种被忽视是双重的：被自己忽视，也被他人忽视。一方面，因为他们工作太忙而无暇顾及，正是在这种繁忙和奔波中，基层工作者无意识地将自己心灵中宝贵的东西逐一丢弃了。另一方面，对基层工作者的管理更多地是关注其工作完成得好坏，对基层工作者的心理缺少关注和指导，缺少关爱，缺少呵护，缺少保健。从总体上看，各级基层工作者的心理是健康的，绝大多数基层工作者表现出坚定执着、乐观自信、沉稳平和、奋发有为等良好的精神状态。但也要看到，确实有少数基层工作者因为心理负担过重而出现焦虑、抑郁等问题，以致心理严重失调，甚至精神崩溃。剖析当前一些基层工作者违纪违法的案件，我们会发现，有些基层工作者的人生之所以出现"滑坡"，既有政治思想上的因素，也有心理方面的因素。更多的情况是，有些基层工作者缺乏心理卫生方面的知识，对工作、生活中的一些矛盾"看不开""想不通"，坏情绪得不到释放或化解，最终抑郁成疾，对身心造成较大的损害，影响工作和事业。

二、当前基层工作者心理健康问题的几种突出表现

基层工作者从事管理活动，工作相对复杂，综合素质要求较高，内心活动往往比一般社会成员更为复杂和丰富。这个群体承担着社会和家庭的双重责任，身心负荷较为繁重。

一是精神紧张，心情抑郁或忧虑，遇事心慌，不安稳，不踏实，失眠多梦。有的基层工作者"心重"，任务一来就给自己心上压块石头，吃饭睡觉老不踏实，严重的整夜睡不着觉，备受失眠困扰。有的基层工作者容易"心慌""怕事"，那些长期在工作强度、紧张度高，情况复杂岗位上工作的基层工作者尤其如此。

二是情绪急躁，多表现为工作方法简单，语言生硬，火气大、易怒。近几年在干部考察和座谈中，发现一些基层工作者存在"急躁情绪""脾气急""方法简单生硬"等缺点。这些缺点，除了有本人秉性、个性原因外，更多的是一种不健康的心理状态的反映。

三是挫折感、失落感较强，心理上自卑或失衡。有的基层工作者长期存有"怀才不遇"心理，自认为不比别人差甚至更强，为什么人家屡屡得到提拔重用而自己原地踏步，心里倍感失意。有的通过和亲朋好友、战友同学或其他群体比职务、比收入、比住房，感到自己样样不占优势，甚至差距较大，加上来自家庭和社会的压力，自卑或失衡心理油然而生。还有的基层工作者因年度考核或民主测评结果不理想而灰心丧气甚至难以自拔。

四是心情憋闷，情绪低落，态度消极，对本职岗位、本职工作的兴趣渐失，积极性、主动性、创造性降低。如有的基层工作者因一时或长期得不到其他班子成员特别是"一

把手"的支持、认可和理解，班子不团结，工作环境压抑，导致心情憋闷，情绪低落，态度消极，逐渐丧失对所在岗位的兴趣和干好工作的信心、决心，发挥不出应有的作用。

五是注意力和记忆力下降，精神和工作状态不佳。在日常管理工作中，经常听到有些基层工作者发出诸如"最近老走神""脑子越来越不顶劲了"之类的感叹或抱怨，开会时某些基层工作者哈欠连连，一副心不在焉的样子。

三、造成基层工作者心理问题的原因分析

一是工作压力大。"发展是第一要务"，在你追我赶、竞相发展的今天，发展成为广大基层工作者第一位的工作。能不能发展一方经济、造福一方百姓，不仅是各地考评基层工作者政绩的关键标准，更是群众民主评议的重要因素，还有"领导责任问究制""一票否决制""绩效评比考核制"等一系列问责都在加重基层工作者求发展的压力。另一方面，"稳定压倒一切"，保持稳定也是基层工作者最紧要的责任。稳不住、安定不下来是最令人头疼的事情。对诸如安全生产、防汛抗旱、森林防火等一些"人命关天"的具有不可控制性的突发事件的提防与忧虑，对诸如滑坡灾害、香菇"烂袋"等引发的群众上访的应对等，都使基层工作者"责任"担子的压力骤增。基层工作者直接面对基层群众，很多矛盾都集中在基层，而有些问题单靠基层力量是无法解决的。问题得不到解决，就会导致上面领导批评、下面群众谩骂，严重挫伤基层工作者的积极性。

二是社会压力大。在发展与责任的双重压力下，基层工作者还要分出相当大的一部分时间与精力来应对复杂的社会关系。身为一名基层工作者，随着交往的人群和接触的范围的变宽变广，来自钱、色的诱惑的机会也变多，要做到清正廉洁，就必须时刻承担拒绝这方面诱惑的心理压力。

三是家庭压力大。基层工作者作为"人"，也有家庭妻子儿女。但由于必须把更多的时间和精力投入工作，再加上工作环境、工作待遇、社会地位等，他们无暇顾及家庭感情和小孩的教育，从而使一些基层工作者对家庭感情有一种危机感，对小孩缺乏关爱和教育，产生内心的愧疚感。这种来自家庭的压力也给基层工作者心理健康带来危害。上述种种压力，使基层工作者这个群体承受着比其他群体大得多的心理压力。大多数基层工作者的心理处于亚健康状态，一旦这些压力达到其意志难以控制的程度，就容易出现异常的、不合理的、偏执的言行。轻者不能正确地处理各种关系而影响工作，

重者会偏离方向，迷失自我，被时代淘汰。

因此，要注重培养基层工作者良好的心理素质，使其有一个健康的心理状况。

【延伸阅读】新常态下基层工作者心理问题及调适对策

当前，基层工作者的心理问题愈加多样化。由于他们所处的工作环境比较复杂，面对的工作压力也相对较大，所以极易出现一些不常见的心理问题。新常态下基层工作者面临着更加繁重的工作和更加严格的社会监督，做好心理调适至关重要。

一、问题的提出

2018 年 5 月，中共中央办公厅印发的《关于进一步激励广大干部新时代新担当新作为的意见》文件指出："各级党组织要高度重视广大干部的心理健康，积极采取各种有效措施，为广大干部新时代新担当新作为提供心理健康保证。"基层工作者的心理问题受到价值观、个人认知、工作环境和家庭等影响，主要表现以下五个方面。

一是认知偏差。有的基层工作者级别提高后逐渐产生自负心理，听不进"异见"；有的存在自卑心理，把上级指示当"圣旨"；也有的在权力观、政绩观、人生观等方面产生困惑，没有及时学习和提升，在工作过程中不能用客观辩证方法看问题和解决问题，逐渐产生"学而优则仕"以及"父母官"官本位思想。

二是心理失衡。一些基层工作者个人发展期望值较高，与实际的发展机遇和发展空间不吻合，导致心理失衡。另外，少数基层工作者在西方文化和享乐主义影响下，理想信念动摇，心理天平逐渐倾斜。个人经济待遇与其他行业人员的收入距离较大时，就会产生心理落差，出现心理失衡。

三是职业倦怠。职业倦怠是机关事业单位以及基层工作者较为普遍的一种消极心理状态。工作缺乏热情，工作动力不足，成就感和幸福感缺失。基层工作者忙于工作，知识更新和能力提升严重滞后，有的地方还存在权在上级部门、责在基层等问题，导致压力大，工作难以开展。同时，新常态下的工作标准提高、工作程序更加规范，而部分基层工作者的信息化运用、心理承受力和解决问题等能力与之不能匹配。

四是焦虑紧张。有的基层工作者面对上级的催促、失职渎职风险较大、应对危机突发事件等问题时感到紧张焦虑，常常夜不能寐，心悸、恐慌等，没有得到疏导和缓解，逐渐患上强迫症、癔症、恐惧症、疑病等。

　　五是悲观抑郁。抑郁表现为显著而持久的心境低落，情绪低落、兴趣丧失，严重者轻生厌世。

二、基层工作者产生心理问题的主要因素

1. 来自工作中的压力源

　　基层工作中各种琐碎事务、矛盾纠纷、考核排名、评比检查等可能引起基层工作者神经系统高度紧张，容易引发心因性疾病。

　　一是基层权力与职责不匹配。当前权在上级部门、责在基层现象比较普遍，人财物不匹配，基层工作者的压力大，对自身的价值感产生怀疑。特别是遇到突发事件和负面舆情时，容易情感失控、言语暴躁。

　　二是工作标准和规范提升与个体能力不匹配。新时代的各项工作标准不断提高，工作科学化、规范化、信息化等富有挑战性，而部分基层工作者在信息化运用、交流沟通和解决问题能力方面不足，法律制度和政策体系还不够健全，落实工作"最后一公里"现象依然存在。

　　三是纵向层级、横向人际协调与个体精力有限不匹配。基层工作者面对上级"千条线"，需要花精力去营造、平衡和处理各种人际关系，"朋友圈子"的思想严重阻碍其积极性发挥，导致产生"工作累不死，心累累死人"的烦恼。

　　四是新媒体舆论压力与媒体应对能力不匹配。随着移动互联网技术的应用，网络舆论监督对不正之风曝光起到了抑制作用，但有的自媒体为博点击率，热衷于负面报道，制造和传播谣言。有的基层工作者缺乏应对媒体的能力，调研不充分，讲话不严谨，造成很不好的影响。

2. 对基层工作者健康教育重视不够

　　一是人文关怀和疏导化解不够。由于基层的改革发展、安全稳定、经济建设等任务重，上级部门提要求多、考核标准高、监督严，倾听基层工作者的心声和诉求少，解决个性问题少，对其心理关注不够，基层工作者在工作中长期积压诸多心理疑虑，极大地影响其身心健康。

　　二是心理健康的专业服务缺乏。各地党政机关和企事业单位很少配备心理健康专业人员，也没有建立心理咨询室、情绪宣泄室，无法开展心理健康行为训练活动。大

多数思政工作者没有接受心理专业理论与技能训练，思政工作手段相对传统；基层工作者定期的心理测评没有开展，没有基层工作者心理档案，极少开展心理健康讲座。

3. 基层工作者自身因素

一是理想信念和精神动力缺失。对于广大基层工作者来说，为人民服务、为社会主义事业奋斗的理想信念是战胜各种困难的法宝。如果理想缺失、信念模糊就会丧失斗志，出现职业倦怠，甚至违纪违规，贪污腐败。

二是对心理健康认识存在误区。第一，心理健康意识不强，出现失眠、焦虑、悲观情绪等心理问题时，没有及时宣泄和减压。第二，有的基层工作者把心理问题误解为精神疾病，碍于面子，不主动寻求专业支持。第三，有的基层工作者即便受到强迫症、焦虑症甚至抑郁症的困扰，为了个人政治前途，也刻意回避，不主动求医。

三是个人的人格缺陷。卡特尔16种人格问卷调查显示，违纪违规和心理问题的人格因素中有多项为高分值，即聪慧性、稳定性、恃强性、敢为性、世故性、忧虑性、紧张性、有恒性、敏感性、怀疑性、幻想性，人格缺陷直接影响认知判断和处理问题的主观性。

（资料链接：https://xueshu.baidu.com/usercenter/paper/show？ paperid=18560r80ch6m00j0tc3v0x40vw633869&site=xueshu_se）

第二节
基层工作者工作—家庭平衡的常用方法

一、系好感情的纽带

家庭是事业的巨大支柱，基层工作者在事业上奋斗离不开家人的理解和支持。对此，作为丈夫或者妻子首先应在感情上给予对方充分的满足。感情是家庭的纽带，无论工作多忙，都不可置对方的感情需求于不顾，对方事务繁忙的时候，或病倒在床的时候，或事业受挫、苦闷彷徨的时候，或为生活的重负精疲力竭的时候，一方若能送去温柔亲切的话语、体贴宽慰的爱抚或风趣幽默的笑谈，则能给对方精神上带来极大的满足。

二、及时调整角色

无论你在事业上如何功勋卓著，不管你在职场上怎样叱咤风云，回到家中，你便是父母的孩子、孩子的父母、丈夫的妻子，或妻子的丈夫。因此，继续板着面孔，发号施令，颐指气使，显然不是明智之举。因此，回家后不仅要注意角色的转变，而且应毫不掩饰地展现自己的真情。

三、把深沉的爱用在关键时刻

基层工作者一般都有较明确的追求或身负一定责任，工作繁忙，时间紧张。若要求她们像一般人那样对家庭无微不至、事事周全恐不现实，重要的是讲求关心的质量，关键时刻、紧要环节要照顾到。要做到这一点，就要了解什么是丈夫或妻子、孩子的特殊爱好和最需要你的时候。如希望周末能有家人陪伴品茶听戏，喜欢节假日全家郊游，很重视生日、结婚纪念日等有纪念意义的时间，出席家长会等。这类事情一般都是稍加留意就能注意到的，应在可能的情况下排开日程，尽量满足家庭成员的精神需求。

四、尽施母爱或父爱

事业型的基层工作者常常为自己的子女未得到足够的母爱或父爱而深深自责。解决这一矛盾较好的办法，首先是要把施之母爱或父爱作为自己神圣的职责，既要在宏观上运筹帷幄，又要于细微之处见精神。例如，居里夫人对两个女儿的母爱主要体现在人格的塑造和才能的培养上。女孩子胆小，她就对她们提出"四不怕"的要求：不怕天黑、不怕打雷、不怕盗贼、不怕流行病。为此，她多次亲自带着她们荡秋千、玩吊环、爬绳子、骑车远游等，甚至带她们在战争的炮火中去抢救伤员，经受锻炼。同时，对于生活中的细微之处她也从不放过，不仅对两个孩子的衣食住行都作出妥善安排，而且对小女儿艾芙过于追求时髦的缺点及时给予提醒和纠正，指出她的化妆不够端庄，衣着不够得体等。在她的严格教育和培养下，大女儿依丽娜成长为全世界继居里夫人之后的第二位女性诺贝尔奖获得者，小女儿也成为颇有成就的音乐家。

对基层工作者来说，充足的业余时间是一种难得的奢侈。因此，首先可以利用吃饭和做家务等一切时间，多听子女们诉说自己的想法，以了解和掌握他们的思想动态，用表扬、鼓励、理解和安慰等方法，尽量满足他们的正当要求。其次要注意在孩子们心中树立父母的威信，力求把慈母严父的爱融为一体，营造良好的家庭气氛。

【回顾与总结】

如何才能保持工作与家庭的平衡呢？

最关键的一点是弄清楚自己想要的是什么。你可能会发牢骚说："太糟糕了，我工作得太辛苦。我没有时间进行体育锻炼，没有时间与家人团聚，我几乎要崩溃了。"要承认，这是你自己选择了这种生活方式。如果要得到生活的平衡，不妨认真思考一下，对于自己来说，什么是最重要的？自己所追求的最高目标是什么？如何才能使自己感到幸福？这一切完全由你自己决定，什么排在第一位、什么放在最后，然后按照这个排列去生活。

如果你把追求事业上的成功作为自己一生最高的追求，为了实现这个目标需要投入几乎全部时间和精力，选择自愿不要孩子和家庭，用不着有任何内疚感和负罪感。事实上，有了孩子而无暇照顾他们，让孩子受到忽视，这才是令人内疚的事。

兼顾事业和家庭，但不要同时进行。一个人的时间、精力、能力毕竟是很有限的。每天只有 24 小时，在这方面投入得多，在那方面就投入得少。不想花费很大精力去寻求工作与家庭间的平衡，不妨先立业后成家或结婚后再进入职业角色，二者兼顾，一个一个地去实现自己的目标。

在分事务的轻重缓急，只解决那些最重要的事情。不论是职业上的、身体上的，还是感情和精神上的，如果想同时处理好所有的事情，结果只能是什么都处理不好。不妨根据事情的重要程度列一张清单，要做的只是处理列在最前边的事情；学会放手，那些你认为不重要的事情可以不做或交给别人去做。

善待自己。任何工作不论怎么重要，都不值得为它牺牲自己的身心健康。我们往往犯的一个共同错误就是：只有自己或周围的亲人积劳成疾后才能真正体会到健康的重要性。合理安排自己的事业和家庭，从现在做起。只需稍微调整，你就会发现你的工作效率并没有因此降低，而且你的生活和健康质量都提高了。

其实，处理工作与家庭这些事情时，就像杂耍一样，你要同时抛接几个球，就不可能让它们处于同一高度。如果处理不好或根本没有感觉到自己承受的压力，那你就有被拖垮的危险。为了避免不幸的发生，一定要掌握好"度"，找到工作与家庭之间的平衡并努力去维持，你会发现工作和生活都很轻松愉快。

【拓展案例】

案例一

我的朋友还是一个科员的时候，每天的生活比较简单，上班下班，陪老婆。在上班的时候也没有什么重要的事情，每天大多数时间都会在家里，工作比较清闲的，投入到家庭的精力会比较多一些。他的妻子开始的时候很开心，每天回家后都能看见自己的丈夫，或者下班的时候就能吃到热气腾腾的饭菜。可是时间过不了多久，妻子感到这样生活不是很好，每天看见自己的丈夫死气沉沉地待在家里，没有活力，事业上也没有进步。

妻子就开始慢慢地鼓励丈夫把更多的时间用到工作上，朋友经过一段时间的调整后，慢慢开始把更多的时间放在工作。经过一段时间的努力，朋友成了科室的副科长。

成为副科长后，朋友的工作量加大，每天有办不完的工作，也不应酬不完的饭局，每天回来后都精疲力尽，一回家要不了多久就睡着了。妻子这个时候觉得丈夫没有时间陪自己，没有时间照顾家里，心中多了一些不满，经常吵架。

后来，朋友不管自己的工作再忙，应酬再多，在每个周末的时候，也会放下工作和应酬，抽出一天的时间来陪自己的老婆。

又过了一段时间后，由于朋友对待工作和家庭的付出都比较平衡，很快成为科室的科长。在家里，对妻子也更加恩爱。

案例二

戴娜 - 米德和葆拉 - 瑞沃思两人在祖默兰公司分担着副总裁和总经理职位。葆拉 - 瑞沃思说："我们共同负责祖默兰公司的日常运作，不管是管理还是推销，还是财务，或者其他什么临时性杂事，我们都得心中有数。"

瑞沃思和米德女士平分五个工作日，每个人在办公室各工作两天半。她们俩同时均分这个经营管理职位的薪金。但是，她们也会得到一些雇员的福利，比如每位分别可以得到一份完整的健康保险。

这两位女士都在软件业领域工作了多年，都有商业管理专业的硕士学位。她们表示，本来她们完全可以做全职副总裁，但是因为家里都有一个孩子，所以她们俩选择了鱼和熊掌兼得，既出色完成工作，又做个好母亲。

葆拉 - 瑞沃思说："我希望不要荒废职业，我想让事业进一步得到发展。但是同时也希望能够在我的女儿身上多花一些时间，我想每个星期至少在家和她一起呆上几天，看着小孩一点点长大，看着她身上发生的种种变化。"

【延伸阅读】基层工作者有"六不易"，如何厚爱、化解？

一、基层工作者工作生活中的"六不易"

在实际工作过程中，基层工作者事必躬亲、兢兢业业，工作千头万绪、细致入微，可谓"上面千条线，下面一根针；上面千把锤，下面一颗钉"。基层工作者承担着较大的工作压力，大多默默无闻，扎实勤奋。基层工作者是最需要关心的群体、最需要爱护的群体。人社部 2014 年重大政策专项课题"艰苦边远地区基层公务员队伍建设研究"的调研和问卷调查发现，基层工作者在工作和生活中存在着"公平不易、晋升不易、交流不易、学习不易、养家不易、幸福不易"等"六不易"现象。

（一）公平不易

上级党委、政府的大多数方针政策都要靠基层工作者来落实，在管理型政府向服务型政府转变的形势下，乡镇政府具体承担各种惠农惠民政策的执行和落实。乡村振兴战略对基层工作者提出了更多新要求，乡镇一级政府承担的职能不断增加，各项工作指标不断细化，工作量以几何级数增长，但"权小、责大、事多"的困局却不知如何破解。

（二）晋升不易

基层工作者晋升空间狭窄，晋升不易。基层工作者所处机构的规格和层次低，相应的职务层次也低，受机构规格和职数限制，基层工作者晋升空间狭小。绝大多数基层工作者在 30 多年的工作中只有办事员与科员两个台阶，相当数量的基层工作者退休时都晋升不到副主任科员。从"黑头发"干到"白头发"还在同一个乡镇、同一个岗位的现象比较普遍。某县职务职级 30 年工龄的科员占 40%，基本得不到提拔。在县以下的基层工作者中，70% 左右的人一辈子几乎都没有晋升职务的机会。

（三）交流不易

基层工作者交流渠道不畅，交流不易。由乡镇机关调入上级机关的向上流动比较频繁，上级机关流入乡镇或乡镇之间平行流动极少，存在"能上不能下，能进上级机关、不能下到乡镇基层"的现象。除科级基层工作者实行定期轮岗外，一般基层工作者极少流动，绝大多数都是在同一部门工作十几年甚至几十年直至退休，终老乡镇，一辈子都是"在一个乡镇，做一项工作，处一个位次"，心理认同感较差。有些基层工作者由于长期处于同一环境之中，时间久了便容易出现工作倦怠，产生思维上的局限性。

（四）学习不易

基层工作者培训严重不足，学习不易。问卷调查表明，基层工作者培训严重不足。

在受访者当中，每年参加现场业务培训时间不足 8 小时的占 34.6%，培训时间达到 48 小时以上仅占 22.7%。

有些基层工作者除了参加过初任培训，基本没有其他培训机会。某些地区普通基层工作者存在无职无训的情况，导致在新形势下"老基层工作者"不懂政策、"新基层工作者"不懂方法，农村工作开展难度大。同时，还存在培训内容缺乏针对性、培训方式单一、培训经费投入严重不足等问题，影响基层工作者队伍的整体建设。

（五）养家不易

基层工作者财政投入不足，工资福利待遇低，养家不易。在基层，乡镇地方经济规模小、活力不足、财政创收能力弱，可预期的财政增长也很有限，自身的财政收支难以平衡。基层工作者工资福利待遇水平难以适应当前的经济社会发展水平。

职务职级并行制度实施后，基层工作者的工资待遇得到一定缓解，但仍不能满足现实需求。基层工作者往往有包村任务，到距离远的乡村工作，可是交通费支出却没有相应的下乡补助，在一定程度上加重了乡镇工作者的经济负担。基层工作者的办公经费、差旅和培训经费等需要财政提供保障，但在基层，这种保障显得有些勉强。调查结果显示，累计 69.8% 的受访者表示差旅费报销标准偏低，不能满足实际开支需要。

（六）幸福不易

基层工作者工作负荷重，压力大，工作生活难以兼顾，幸福不易。研究发现，县乡总体工作负荷平均得分为 3.73，基层工作者工作负荷较重，经常被要求短时间内完成工作，比例为 66.6%；经常超时或加班工作，比例为 57.3%；要应付很大的工作量，比例为 68.7%。同时，各级政府越来越重视社会管理工作，安全生产、信访综治等工作，均实行"一票否决"制，处处都是"高压线"，基层工作者往往力不从心，承受极大的心理压力。

另外，基层工作者普遍存在工作生活难以兼顾的现象。问卷调查显示，基层工作者工作单位与家庭住址分属异地比例较高，工作与生活冲突严重，夫妻二人两地分居现象普遍存在，无法照顾老人和孩子。部分基层工作者所处的自然环境恶劣，工作条件艰苦，生活条件清苦，工作生活平衡状况差，他（她）们的主观幸福感偏低。

二、厚爱基层工作者的四大途径

正向激励优于负向激励，精神激励优于物质激励。可见，厚爱是严管的更高级激励方式，如果将"厚爱"作用发挥好，其可持续性优于"严管"。纵观现状，我国的基层工作者激励存在以下问题：负向激励有余，正向激励不足；物质激励有余，精神激励不足；激励方法不多，发挥作用不显。激励不足成为制约基层工作者积极性、主动性、创造性的重要因素等。

（一）政治上激励，增强基层工作者的荣誉感

个体的工作成绩得到了国家、组织或社会的认可和尊重，就会产生一种积极向上的心理感受，伴随着"自豪、优秀"等一系列的积极情绪体验，即为荣誉感，荣誉感会进一步激发个体工作的积极性、主动性和创造性。当前，我国基层工作者负担重、压力大、待遇不高，"责权利"的不对等造成个别基层工作者荣誉感降低。

对基层工作者"厚爱"，就要塑造风清气正的基层政治生态，在继续推进全面从严治党的同时，为基层工作者的成长打开广阔的空间；要加强舆论引导，坚持激浊扬清，注重保护基层工作者声誉，维护基层工作者队伍形象；要完善和落实谈心谈话制度，注重围绕深化党和国家机构改革等重大任务做好思想政治工作，及时为基层工作者释疑解惑、加油鼓劲；要将容错纠错机制和救济机制结合起来，保证基层工作者的合法权利，对那些主观向善、一心为公、积极创新的基层工作者完善宽容举措。

（二）工作上支持，增强基层工作者的归属感

这里的"归属感"特指基层工作者对党的事业的归属感，是基层工作者对新时代社会主义伟大事业认同的心理表现。缺乏归属感的人会对自己从事的工作缺乏激情，责任感不强。当前某些基层工作者存在工作倦怠、热情不高、"招不来，留不住"，这些现象均为"归属感"下降的表现。

对基层工作者的"厚爱"，不只是政治上激励、工作上支持，还有能力上培养、经验上历练。弗鲁姆提出的期望理论公式为：激动力量 ＝ 期望值 × 效价。激动力量指调动个人积极性，激发人内部潜力的强度；期望值是根据个人的经验判断达到目标的把握程度；效价是所能达到的目标对满足个人需要的价值。

可以通过以下途径给予基层工作者工作上的支持：

一是拓宽和畅通基层工作者晋升渠道。要重视从基层工作经验丰富的基层工作者中遴选后备干部，重视从基层选拔优秀人才和党政领导干部。

二是加强基层工作者的教育培训和重点培养力度，为优秀的基层工作者提供更多的职业发展空间和晋升机会。

三是建立良好的基层人才流动机制，打造"招得来，留得住"良性局面。

四是建立健全基层工作者考核机制，让有拼劲、有业绩、有能力的基层工作者得到更多的晋升机会，消除当前基层普遍存在的负激励的消极影响，激发基层工作者的工作积极性和创造性。

五是待遇上有保障，增强基层工作者的获得感。

习近平总书记在中央全面深化改革领导小组第十次会议上的讲话第一次提出"获得感"一词。这个词是指人民群众共享改革成果的满足感，包括两个层面：首先是要感受到改革带来的物质生活水平的提高；其次是要让每个人活得更有尊严、更体面，能够享受公平公正的同等权利。基层工作者具有反身性的特点，他们既是社会主义事业的建设者、为人民群众取得"获得感"的实施者，也是人民群众中的一员，理应享受更高水平的物质，活得更有尊严、更有体面。

在物质激励层面体现保障基层工作者待遇的"厚爱"途径有：注重对基层工作者的待遇倾斜；进一步完善机关事业单位基本工资标准调整机制，实施艰苦边远地区附加津贴制度；积极推进职务与职级并行制度；进一步完善基层工作者奖金制度；做好平时激励、专项表彰奖励工作，落实体检、休假等制度。

（三）心理上关怀，增强基层工作者的幸福感

"幸福感"是人类基于自身的满足感与安全感而主观产生的一系列欣喜与愉悦的情绪。与"获得感"相比，幸福感更多强调精神层面，基于物质层面的"获得感"会转化为精神层面"幸福感"。习近平新时代中国特色社会主义思想的丰富内涵的核心就是"坚持以人民为中心"，全面促进人民福祉。幸福感和人的主观心理状态高度相关。当前，基层工作者普遍感到工作压力大、心理负担重、情绪自我调节难、幸福感差等心理健康问题。

对基层工作者心理上的关怀，要重点从以下几个方面着手：

一是关注基层工作者的心理健康，从实际情况出发，通过谈心谈话、拉家常等方式，了解、掌握基层工作者的思想动态、具体情况、真实需求，进而营造和谐、友善、

温馨的基层生活和工作氛围，为基层工作者提供持续的情感慰藉和寄托，让他们安心、安身、安业，更好地履职奉献。

二是不断丰富和扩充基层工作的内容，增强基层工作的趣味性和挑战性。通过轮岗交流和岗位培训，丰富基层工作者的工作内容，塑造多元化、趣味性的工作情景，使基层工作者接触新知识、提升认知水平、积蓄工作能力，增强基层工作者的成就感。

三是不断营造能够增加个人责任、反馈和适度风险的工作情景，激发基层工作者的成就动机，增强基层工作的成就感和意义感。

四是改革基层日常工作考核制度。我国基层治理的十大痛点之首就是"督查检查频繁"，耗费基层工作者大量的时间精力。为此，要对基层工作考核项目进行梳理，清理大量价值低、形式化、无意义的考核项目，设置简便易行且科学有效的考核指标，在"不减压"的前提下为基层工作者"减负"。通过以上措施，让基层工作者有想头、有盼头、有奔头、有幸福感。

严管干部每推进一步，厚爱干部就要跟进一步，同时注意厚爱不等于"溺爱"，激励不等于"纵容"。新时代新征程，需进一步激发广大基层工作者在新时代新担当新作为的工作激情，积极、主动、创造性地做好各项工作，在带领人民群众实现中国梦的征程中贡献才华、展现风采。

（资源链接：https://www.12371.gov.cn/Item/538001.aspx）

第三节
基层工作者工作—家庭平衡的典型案例

【案例】家庭与工作关系平衡处理

静雯是广州某知名餐饮公司的部门经理，她从一名普通的服务员做到今天，事业可谓进展顺利，也比较艰辛，以她的当下情况，还有进一步提升的机会。年方 26 岁的她与男友已热恋 4 年，每次提到婚嫁问题她都感到非常困惑与无助。她知道自己的事业正在蒸蒸日上，可是如果嫁人、要孩子，就最多只有 5 年时间争取晋升。但她真不知道什么样的职位既能保证做好工作，又有充沛的精力和时间照料孩子。

【问题提出】

当今社会，"女性文化"所形成的独立、平等的价值取向正与传统的文化对女性的定位发生激烈的冲突。尤其是对职业女性来说，如何在家庭与事业之间寻找一个平衡点，就成了关注的焦点。

古人说"鱼与熊掌不可兼得"，有一定道理，但凡事没有绝对。特别对于职业女性，多费一点心思，少算一点得失，即便不能做到鱼与熊掌兼得，在家庭与事业之间也可以找到一个平衡点。

社会客观环境是影响人身心发展的一个重要因素。由于社会经济的发展和社会价值观念的变化，女性接受教育、技能培训、就业发展的机会越来越多，这就使现代女性具有一定的文化知识与专业技能。女性自身的素质提高了，适应范围大大地拓宽了，女性的自信心与自主性也比以前更强了。这一切都为女性对感情与事业的追求打下了良好的基础。

现代女性对感情的追求是热烈的、自由的、自主的、纯真的。她们认为在选择与被选择方面女性应该是自由的，是与男性平等的。她们相信爱情、追求爱情、珍惜爱情。但更重要的是，她们并不依赖爱情。现代女性对感情的需要不再是以前的婚姻家庭关系，她们更注重思想的共鸣与相互理解，在婚姻中不再是一种从属关系，而是朋友式的、平等的关系。

事业是女性自身价值实现的一条重要途径，是女人自立的根基。优秀的现代女性往往能够根据自己的能力来协调事业与情感之间的关系，调节自己在不同时间、不同场合的不同身份与角色。

因此，当事业与家庭产生矛盾时，如何协调好这个矛盾就是一门学问了。

【活动与训练】

活动和训练一

心理测验：你的"家庭意识"有多高？

如果你是女士，可以直接做下面这些题自测一下；如果你是男士，也可以拿这些题测测她──

（1）别人有所求，难以说不吗？

（2）是否希望一生从事一份工作？

（3）是否易掉泪？

（4）不喜欢待在家里吗？

（5）不便开口的事，会毫不保留地说出来吗？

（6）是否适应新环境？

（7）遇到喜欢的人是否想接触？

（8）选购洋装是否很快下决定？

（9）对别人的困难，是否袖手旁观？

（10）对某件事有兴趣，是否立即采取行动？

（11）对金钱收支，是否为计算而苦恼？

（12）是否觉得自己老拿不定主意？

（13）说话是否有条理？

（14）节假日喜欢到处走吗？

（15）是否看不起一有难题就依赖别人的人？

（16）跟得上时尚吗？

（17）喜欢房间的布置常有变化吗？

（18）被人说坏话不太介意吗？

（19）在工作上有不输男人的自信吗？

（20）对美不太热衷吗？

（21）相亲觉得不中意，能当场委婉推辞吗？

（22）失恋后只过一晚就能恢复平静吗？

（23）喜欢当团体的中心人物吗？

（24）约会时间快到，会跑步去吗？

（25）是否容易被骗？

（26）是否讨厌稍有痛苦就到处诉说的人？

（27）当朋友邀请时，除非有要事，否则都能接受邀请吗？

（28）在任何时候都有丰富的话题吗？

（29）喜欢开玩笑让人开心吗？

（30）前辈有无理要求时，会干脆地拒绝吗？

计分：答"是"得1分，答"不是"得0分；将所有分数相加，得出总分。

评析：

A，总分30～23分。你对任何事情的态度都很积极，在工作上也有不输男人的干劲，很适合并愿与妻子共同努力的男性一起生活。家庭意识40%。

B，总分22～19分。你是个性开朗活泼的女性，即使在家里也经常幻想着旅行，很会为自己制造生活乐趣。家庭意识70%。

C，总分18～15分。你很会料理家务，虽有点保守，但能以丈夫为中心，同时能经由丈夫引导而成为社交上不须依赖人的女性。家庭意识90%。

D，总分14～9分。你是不算活泼也不多管闲事的女性，会先考虑立场再认真行事，对任何事都先征求丈夫同意，平静地过生活。家庭意识70%。

E，总分8～0分。你稍嫌消极，因为依赖心重，对家事的决断需要丈夫的引导。家庭意识40%。

活动与训练二：盲人拾物

这其实是一个培养人与人之间信心的游戏，无论是在工作和家庭当中，我们都要与身边的人处理好关系，互相信任。

首先以二人为一组，其中一人（A）蒙上眼睛，而另外一人（B）要背向主持人，主持人抛出一件物品（如一串锁匙）。

A 的任务是要拾回该物，B 的任务则是对 A 作出提示，而这些提示只能够是"前行三步"或"转右"等。

但因为 B 自己其实也看不见那串锁匙，而只能凭自己的听觉（该物落地时所发出的声音）而作出猜测和提示。

每次 B 发出指示后，A 都需要依照他指示做，

而主持人则会告诉他们到底"到了没有"。

活动与训练三

发放小纸条，让同学们在上面写上自己与父母的一些相处问题，然后大家分组讨论，探讨解决方案。最后邀请同学发言，谈感想。积极回答问题的有小礼品。

活动与训练四：家庭与工作关系平衡处理小剧

旁白：我们的黄厂长，事业心很强，把所有精力都放在工作上。当厂长后，组织生产指挥若定，颇有大将风度；说起工作总是滔滔不绝，有条有理。但一谈到她的家庭，便常常面有难色。这究竟是怎么回事呢？让我们听听她怎么说。

黄厂长：周医生，我老公最近整天向我发脾气，说我不爱他。

周医生：你们这些女强人啊，在事业工作之余，也要注意处理好与丈夫之间的感情纽带。家庭是事业的巨大支柱，一个女性在事业上奋斗离不开丈夫的理解和支持。无论工作多忙，都不可置丈夫的感情需求于不顾。

黄厂长：我当然不会置他的感情于不顾啊！我可是经常向他示爱的，可他就是不懂我，还说我敷衍他呢！

周医生：你要好好调整你在家中的角色。无论你在事业上如何功勋卓著，不管你在职场上怎样叱咤风云，回到家中，你便是公婆的儿媳、丈夫的妻子、孩子的母亲、一家之主妇。男子汉大丈夫最怕夫人对自己指手画脚，尤其是对于比自己强的妻子，

一句盛气凌人的话、一个不屑一顾的眼色，都会深深刺伤他的自尊心。因此，事业型女性不仅要注意回家后及时进入自己的主妇角色，而且应毫不掩饰地展现自己的娇柔之情，使丈夫感情上得到满足，心理上得到平衡。有了这些，还怕得不到理解和支持吗？

黄厂长：还有我的儿子说觉得我很陌生。那个混小子，见到我竟然战战兢兢地叫"厂长好"。

周医生：所以说你从工厂回来后要及时调整角色啊！在家里还板着面孔，发号施令，颐指气使，显然不是明智之举。要尽施母爱，把施之母爱作为自己神圣的职责，既要在宏观上运筹帷幄，又要于细微之处见精神。

黄厂长：可是你知道，我是真的很忙。

周医生：对事业型女性来说，充足的业余时间是一种难得的奢侈，因此需要利用吃饭和做家务等一切时间，多听子女们诉说自己的想法，以了解和掌握他们的思想脉搏，用表扬、鼓励、理解和安慰为主的方法，尽量满足他们的正当要求。重要的是讲求关心的质量，关键时刻，紧要环节要照顾到。要做到这一点，就要了解什么是丈夫、孩子的特殊爱好和最需要你的时候。如有的丈夫喜欢节假日全家郊游；有的丈夫很重视生日、结婚纪念日等有纪念意义的时间，孩子则要求母亲务必出席家长会等。这类事情一般都是稍加留意就能注意到的，作为女性应在可能的情况下排开日程，尽量满足他们的精神需求。

黄厂长：噢！我知道要怎么做了。真感谢你！

04

第四章

构建家的合力：家庭成员沟通

沟通无处不在，无处不有，无处不用。在单位，上下级之间、同事之间，需要通过沟通达成共识，形成合力，助推发展；在社会上，各类组织之间、全体社会成员之间需要通过沟通增进理解、互通有无、合作共赢；在家庭，每一个家庭成员需要通过沟通发展亲情、构建和睦、增加凝聚力，让家庭成员之间互相了解彼此的想法，互相站在他人角度思考问题，纠正自我认识的狭隘和偏颇。孩子通过与父母交流，了解父母所需和父母对自己的期望；父母之间通过交流，达成家庭协议，维持家庭生活的平稳运行。那么，基层工作者如何做好家庭成员沟通呢？

第一节
基层工作者的家庭成员沟通与心理健康

一、家庭沟通的类型和特点

沟通是家庭交流感情的重要方式之一，是家庭成员思想和情绪交流的本质。由于家庭的具体情况不同，家庭成员采取的行动和语言不同，因此，家庭成员的沟通也有健康与不健康之别。健康的家庭沟通是透明的、直接的、一致的，不健康的家庭里的沟通则是隐晦的、猜测的、不一致的。良好的家庭沟通能够使家人都有一个愉快的心情，能营造一个宽松愉悦的家庭氛围；不健康的家庭沟通会使家庭关系剑拔弩张，引起家庭争吵，甚至家庭解散。人们通常将家庭沟通划分为四种类型。

（1）讨好型沟通。家庭成员一方为了取悦另一方，认为自己因为要依靠家里其他人而活，呈现出对他人讨好的趋势，害怕家里其他人不喜欢，害怕家里人把自己看作累赘。与家人交谈多是赞同他人观点，不敢发表自己的看法、观点，一切都是为了获得家庭其他成员的承认与认可。这种家庭沟通模式一般出现在有老人或者存在寄养情况的家庭中。

（2）责备型沟通。有的家庭成员在与他人对话时表现出怀疑、责备、挑剔、谩骂、咄咄逼人，认为自己是家庭权威，并且不允许自己受到挑战。比如："你到底在搞什么？""都是你的错""要不是你……我才不会……"这些都是责备的语气。

（3）超理智型沟通，是指一种过于客观、压抑自我感觉的沟通模式，认为人一定要保持客观、冷静。然而，这种模式喜欢使用抽象的术语，只注重客观情景，不关注他人和自己，缺乏人情味。超理智型沟通的人一般比较古板，有强迫症，故步自封。

（4）一致性沟通。具有一致性沟通模式的人，重视他人、情境和自我。在与人交流过程中，尊重他人，注重他人感受，愿意聆听别人，也愿意表达自己的意见和感受，正视环境的压力，勇于承担自己的责任。在与他人交流时放松、精神抖擞、乐观冷静、开朗自信。四种沟通模式中，这种沟通模式无疑是最健康的一种。

有关调查显示，在人际沟通中，仅有不到10%是通过词语来表达的，其中三成多取决于语调和声音，其余六成不到靠肢体语言综合表达。有时候同一个字或词，由于声音语调，和姿势表情的不同，所表示的意思也会截然不同。比如"好"，根据不同对象，场景、姿势、表情和、声音、语调可以表达成：正面的肯定、赞美、欣赏，也可以表达负面的疑问、讽刺、否定、挖苦等截然不同的意思。所以，我们除了倾听语言、倾听音调，还要观察身体语言。正确的倾听需要耳目并用，方能读懂对方语言背后的信息。

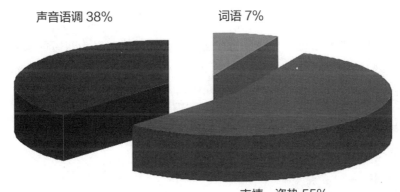

图 4-1　沟通的可视性多于可听性图

从图 4-1 中，我们可以形象地看到，词语只占了 7%，声音语调占 38%，而表情姿势却占了 55%。据此原理，我们在家庭沟通中特别需要重视和注意自己的声音语调、表情姿势。家庭沟通是为了鼓舞对方达成行动，所以沟通时要顾及两个方面，说出对方想听的，听出对方想说的。

（资料来源：https://www.doc88.com/p-08747105205140.html）

二、沟通的重要性

（1）沟通是家庭成员共同生活的需要。家庭是以婚姻为基础、以血缘为纽带形成的社会生活共同体。因此，在家庭环境中，各成员之间的相互交流必不可少。作为生活的场所，家为家庭成员提供赖以生存的环境，孩子通过与父母交流，了解父母所需和父母对自己的期望；父母之间通过交流，达成家庭协议，维持家庭生活的平稳运行。学校教育尚未出现时，家族中的长者通过与年幼者沟通，对其实施道德教育和生活技能教育。在此阶段，家庭成员之间的沟通成为代际知识传递的桥梁。

（2）沟通是化解家庭成员矛盾的基础。在家庭教育中，存在不同教育者之间的矛盾和教育者与受教育者之间的矛盾，这是由于不同教育者在同一时刻扮演了教育者的角色，教育者自持观点的差异造成其在对受教育者实施教育时产生矛盾。由于教育者与受教育者在成长经历、生活阅历和思想观念等方面存在差异，教育者期望与受教育者主观愿望不一致，形成了双方之间的矛盾。无论是不同教育者之间的矛盾还是教育者与受教育者之间的矛盾，都需要进行以理解为基础的沟通，以化解彼此的矛盾，找出双方的分歧，协商解决矛盾的办法。同时，有效的沟通能够将教育内容融入日常家庭生活之中，便于受教育者无形中接受教育。

（3）沟通是提升家庭凝聚力的有效途径。在以血缘关系为纽带的家庭关系中，各成员在利益关系上具有高度一致性。因此，建立在沟通基础上的家庭成员能够和睦相处，团结互助，从而提升整个家庭凝聚力。当家庭成员之间不存在分歧时，和谐的家庭氛围能调动成员努力建设美好家庭的积极性。受教育者作为家庭成员，要自觉地信服教育者，愿意为实现其期望而付出努力。

 【拓展阅读】

日本一个叫江本胜的科学家，用了 20 天时间研究了一项成果。他研究什么问题呢？人与水如何沟通。人与水的沟通试验很有意思，我们很少研究这个问题。我们一谈到沟通，就想起了这是人和人之间的事情，这是领导和下属之间的事情。日本科学家做了这样一项试验，对人类的管理沟通具有重要启示。试验的过程是拿出三个杯子，从同一个自来水的水管里面取出等量的水分别放在三个杯子里面。在同样的环境里，连续七天对三个杯子里的水进行不同方式的语言沟通，然后再进行物理、液压、结晶试验。奇迹出现了，试验的结果显示出巨大的反差。第一杯水，科学家一直坚持用赞美的语言和它进行沟通，不停地赞美它、夸奖它："哎呀，你真好，你真漂亮，你真亮丽。"结果一周以后，最终形成的结晶就像钻石一样光彩夺目，非常漂亮。第二杯水，科学家采取了完全相反的方式与其沟通，攻击式地和它沟通，丑化它、贬低它，最终形成的结晶大为逊色，无论是形状还是色泽与第一杯水相差甚大。第三杯水，科学家采取不予理睬的态度，把它搁置在那个地方，冷落它七天，不做任何形式的语言沟通，既不赞美它，也不攻击它，结果几乎还是原始状态，没有形成任何结晶。这项研究给我们的启示有三条：第一，有沟通比没有沟通要好，只要你去沟通就会有结果，就会有反响，要么是正面的，要么是负面的。如果你不沟通，它就原封不动，维持原状。第二，赞美式的沟通比攻击式的沟通要好。

（资料来源：中国人事科学研究院原副院长吴德贵：《公务员的沟通和协调能力建设》，http://www.jy365.net）

三、沟通与心理健康

沟通是建立良好人际关系的一系脉流，是架起家庭成员之间的一座桥梁，是打开家庭成员心理之门的一把钥匙。

（一）夫妻沟通与心理健康

夫妻沟通是指夫妻怎样相互传递感情、态度、事实、观点及明确问题所在的过程，沟通中的30%是通过言语来完成的，而70%是通过倾听、沉默，面部表情、姿势、触摸等其他一些非言语的符号来实现的。

夫妻沟通与夫妻的心理健康关系非常密切，甚至可能关系到一个家庭的命运。有学者发现，沟通不良及不能把配偶当成知己的夫妇更容易出现心理问题，尤其是妻子表现得更明显。在华西医科大学附一医院心理卫生中心的门诊中也发现，主诉抑郁、易怒、烦躁等神经症状的求诊者常常同时感到婚姻不满意。对年轻知识分子夫妇的一次调查显示，对言语及非言语的交流满意与否与对婚姻的满意程度密切相关。

夫妻沟通的失败在许多问题家庭中是普遍存在的。沟通障碍可出现在许多方面，如传递的信息内容不明确，表达信息的方式不恰当、不直接，还有的是说话时的音调、语气使人不愉快。有的夫妻则缺乏沟通，虽然下班后都回到同一个房子，但彼此之间旁若无人地各做各的事，致使家庭气氛沉闷，夫妻都感到紧张和压抑，并容易因小事而爆发家庭内战，夫妻相互攻击、动武，最终使夫妻间的感情日渐淡薄，彼此越来越感到陌生。此后，婚姻冲突有增无减，双方都可能出现烦躁、易怒、心慌、失眠等神经症状，对夫妻的身心健康造成极大影响。

（二）亲子沟通与心理健康

1. 亲子沟通对孩子认知能力发展的影响

父母是孩子的第一任老师，也是终身老师，父母的一言一行都会对孩子产生潜移默化的影响。良好的亲子沟通有利于父母及时发现孩子认知发展特点的变化，从而有效地指导孩子开发创造潜力。良好的亲子沟通伴随父母的鼓励和支持，将使孩子更愿意接受父母的教导，从而在学习上更有动力，更敢于去探索和认知未知世界。反之，如果亲子沟通常常出现问题，父母与孩子的关系疏远，可能会导致父母对孩子的教育忽视或者期望过高，影响孩子认知能力的发展。

2. 亲子沟通对孩子社会性发展的影响

社会性是作为社会成员的个体，为适应社会生活所表现出的心理和行为特征，也就是人们为了适应社会生活所形成的符合社会传统习俗的行为方式。儿童社会性的发展是指儿童社会性心理特征的发展，是在孩子同外界环境相互作用的过程中逐渐实现的，即儿童与周围人的相互作用和交往中不断成长和发展的。孩子的主要交往渠道，一个是家庭内部交往，主要是亲子关系；一个是家庭外的同伴交往，即同伴关系。如果父母与孩子之间能建立起良好的亲子沟通，孩子就会在家庭活动中获得足够的安全感和信任感，这对他们的社会性和情感性发展有重大影响，当孩子们能够与父母建立和谐的亲子关系，孩子将更有信心和力量与其他同伴建立和谐的人际关系，从而更好地适应社会。这将进一步促进孩子养成良好的亲社会行为，减少攻击性行为。总之，积极的、温暖的亲子沟通会促进孩子的社会性发展，而冷漠的、攻击性的亲子沟通模式会使孩子缺乏安全感，因此将更有可能导致孩子出现叛逆和反社会行为。

3. 亲子沟通对孩子人格发展的影响。

儿童人格的形成，社会行为的获得，都离不开家庭中的沟通。所以，儿童与父母的相互作用、亲子沟通的方式方法对儿童人格的形成和发展有重要影响。一个人的人格之核心部分或基本结构，是在学龄前即人生的最初几年里大体上定型的，这在很大程度上也是亲子相互作用的产物。和谐、民主、轻松的亲子沟通模式，将使孩子形成较为平和而乐观的心境；反之，紧张、焦虑的沟通模式会使孩子缺乏安全感，容易养成多疑、猜忌、敏感的性格。良好的亲子沟通使父母能比较全面地了解孩子，从而能更深刻地认识和评价自己的孩子，帮助孩子形成良好的性格特征。

（三）家庭缺乏沟通的危害

1. 缺乏沟通影响受教育者的心理健康

每位家长都有"望子成龙""望女成凤"的愿景，但这些美好的愿景有时会成为父母与孩子之间的阻碍。家长对子女抱有较高的期望，在一定程度上能够使子女学业成绩和道德水平普遍提高，但过高的期望会形成巨大的压力，使受教育者失去前进的动力，自暴自弃。严厉的教育能够塑造出榜样学生，可在缺乏沟通的家庭教育中，榜样学生也存在各种各样的心理问题。如他们对父母的严格要求忍气吞声，失去个性；又因为父母的一次次"压迫"在内心慢慢积累，最后导致不可挽回的家庭悲剧。受教育者之间缺乏沟通亦会对受教育者的心理产生负面影响。如果受教育者之间缺乏沟通甚至没有沟通，必然会产生矛盾，矛盾升级为频繁的争吵时，则将在子女心里产生阴影。许多问题少年走入歧途，大多是家庭的不幸导致的。父母之间的冷漠使得子女产生恐惧心理，不愿敞开心扉与父母沟通。因此，沟通对孩子形成健康的心理和乐观开朗的性格，发挥至关重要的作用。

2. 缺乏沟通影响父母对子女的了解

虽然父母与子女长时间生活在同一有限的空间内，彼此已经熟悉，但父母与子女都有各自的秘密，如果父母双方缺乏沟通，就无法了解对方的心理活动。父母能够及时地找出孩子存在的问题并较早地预见问题的后果，对青春期的孩子来说十分重要。家长与子女之间缺乏沟通的直接表现就是家长对子女关心不够，教育者无法理解受教育者，家庭教育无法实施。

第二节
基层工作者家庭沟通的常用技巧

一、家庭有效沟通技巧

学习有效沟通的技巧，能够让我们的家庭保持和谐稳定。说对话才能做对事，良好的沟通是家庭稳定的前提。所有的家庭沟通都指向一个目标，这就是让家人行动。而理念不同、步调不一，就难以形成合力，其根本原因就是沟通不畅。家庭有效沟通的目标要明确。通过交流，沟通双方可以就某个问题达共识。家庭有效沟通强调沟通的时间要简短，信息发布反馈的频率要增加，在尽量短的时间内完成沟通的目标。家庭有效沟通强调人性化作用。沟通要使参与沟通的人员认识到自身的价值。只有愉快地沟通，才能实现双赢的目标。

家庭有效沟通的第一要素，是确保家庭成员间的双向交流；家庭成员间的倾听和有效反馈是沟通的基本要素；在家庭成员沟通中非语言沟通涵盖了 55% 以上的沟通信息。家庭成员应致力于改善个人沟通技巧，消除有效沟通的障碍。家庭有效沟通有三大关键技巧：

（1）问对问题。通过有技巧的发问来了解他的真实心意。

（2）有效倾听。通过倾听到的用词、语调和动作，将顺倾听的层次，娴熟地运用倾听的技能。

（3）有效反馈。通过肢体语言反馈来理解确认，澄清异议。

家庭有效沟通是一种双向交流，家庭沟通交流过程中有反馈的交流（包括语言反馈和非语言反馈）。在家庭沟通交流中，要求信息正确。特别要注意交流双方的人际关系，要照顾到交流双方的角色、地位。对于原来关系敏感的双方，要求增加容忍度、包容心，平衡以往的差异心理。

【拓展阅读】基层干部家庭有效沟通的 9 个表现

（1）语言沟通与行为要一致。

（2）言辞要切合实际，要合理。

（3）尽量读懂家庭成员间的非语言行为。

（4）主动地表露自己。

（5）挑个最好的时刻讨论问题，时间和话题的选择本身就是一种良好的沟通方式。

（6）积极倾听。良好的沟通除了表达之外，积极倾听并给予反馈也是非常重要的。倾听不仅有助于了解，而且是体贴尊重对方的表现，还是在向对方传达这样一个信息：他也应该这样倾听自己的声音。

（7）对生活中的重要问题，要有专门的时间深入交流讨论，这样才能做到真正的理解沟通。

（8）不要抓住对方的缺点不放，作为每次攻击责备对方的"法宝"。

（9）不断鼓励和表扬对方，是良好沟通的有效方式，并且家庭成员之间的相互赞美要多于指责，这非常有利于家庭关系健康的发展。不断给对方以肯定，这样会使对方感到你真的很在乎他，并会促使他做得更好。

（资料来源：《夫妻有效沟通的九大技巧》，首映网，2017 年 4 月 2 日，有改动。）

二、夫妻沟通常用技巧

基层工作者夫妻沟通要强调感情，"讲情不讲理"是夫妻相处的原则，也是夫妻沟通的原则。在此原则的基础上，夫妻之间的沟通可以有多种形式，可以是语言沟通、书面沟通、肢体语言沟通等。吵架虽然不是最好的沟通，但也是一种沟通。作为沟通的"合理争吵"必须注意以下几点。

（1）避免嘲笑伴侣。感情关系中的两个人，必须有平等的地位才能出现快乐满足的感觉。嘲笑对方是用最直接的方式说："我比你好！"对方会产生被压低了、失去平等地位的感觉，因而会觉得难以接受。被伴侣嘲笑的人心中会产生愤怒和报复的动力，他会把握第一个出现的机会扳回平手。这时，这一边便也感到愤怒，有了再报复的动力，找到其他嘲笑对方的机会便放肆地嘲笑对方。这样，两人就出现了接连不断的斗争，两人的关系便会因此而紧张、疏远。很多嘲笑的动机本来只是开玩笑，建议用说笑话去代替这样的开玩笑，因为言者无心、听者有意，往往说的人不知道听的人对那些话的敏感程度。要特别避免与一个人的生理特征或个人隐私有关的玩笑。

（2）避免喋喋不休。说话的效果不是靠说了多少个字或者重复了多少遍。很多人看到说了没有效果还会再说，这就好像自动售卖机吞噬了你的硬币却没有吐出饮品，你还要再放硬币进去一样。喋喋不休不会增加效果，只会破坏和谐，损害感情。NLP（自然语言处理领域）有一句关于沟通的至理名言：沟通的效果决定于对方的回应。你说了而对方没有给你预期的回应，便是没有效果。重复没有效果的方法只会继续没有效果，而其他的问题又会产生出来。所以，应该做的是改变方法。沟通的效果虽然由对方决定，但是你可以改变沟通方法。有些人有喋喋不休的习惯，喜欢喋喋不休的人如果有视觉型或感觉型的伴侣，那这两人之间便特别容易出现关系紧张的状况，甚至发生争吵。有喋喋不休习惯的人需要决定维持这个习惯和与伴侣维持和谐关系之间哪样更重要。想改变这个习惯，可以尝试这样做——同样的话只说一次。若怀疑对方听不明白，可以问问对方。每当自己不自觉地喋喋不休了，叫伴侣提醒你。要说的事，预先想想如何只用三句话说出来。三句当然不能包括所有的信息，但应该包括最重要的信息。三句之后，若对方感兴趣，自然会请你说多一些，这时你再说出其他信息。若三句后对方不感兴趣，你便应该停止。经常提醒自己多看、多听、少说。这能使一个人观察更多、掌握更多、更受人欢迎。

（3）避免盘根问底。伴侣不愿说的，不要逼他／她说，无论涉及什么事，你都要尊重对方的空间，而没有控制对方的权利。仔细想想，你会明白：你有权利离开他／她，但是你没有权利要他／她说出来！若你用什么事相威胁，逼对方一定要说什么出来，这份感情关系的基础便已经碎裂了。对伴侣或任何人的事情，很多人会以"好奇"为借口去盘根问底。所有的"好奇"其实只不过是想控制对方的表现，原因是自己的安全感不足。特别是当对方做了一些自己不认同甚至不允许的事情时，自己便得到一个比对方优越的地位：他／她做错了，他／她不如我好。这样，便有了"教"对方，或者"原谅"对方的机会。对伴侣不信任，事事要坦白交代，报告清楚，那是不给予伴侣平等地位的表现。如果伴侣需要事事向你交代，必然会使你的身份高于他／她。不要以为你同样愿意对伴侣这样交代便是公平、平等，这会使你们的关系更加复杂和无法处理：一方面是你高他／她低，同时又是你低他／她高。当你要伴侣坦白交代时，伴侣若端着他／她高于你的身份，两人便开始争吵了。事实上，这就是最常出现的情况。若伴侣想做你不允许的事，你永远无法控制他／她不做出来。所谓"道高一尺、魔高一丈"，他／她总会找到机会去做。两人的相处变成猫鼠游戏：每天不断地一个躲、一个捉，感情已经荡然无存了。

（4）避免讨价还价。感情关系不是贸易买卖，如果用贸易买卖的态度去处理两人之间的争执，则会难以成功，也必然会造成感情关系的创伤。最大的问题是：物质世界里，什么东西都可以给予金钱上的定价，但爱和爱情是无法用金钱衡量的。爱给一个人的唯一权利就是为对方做些事，而且真心爱着对方的人都很愿意为对方做事。当对方接受自己为他／她所做的事时，自己会很开心、很满足。正是因为这样，当对方有需要而向自己开口时，自己也会很乐意得到这次为对方做事的机会。从这点来看，两人关系里没有讨价还价的空间。

 【拓展阅读】基层工作者夫妻间高效沟通的 9 个专业方法

（1）认识到你和你的伴侣可能会发生什么。从评估一种情况到谴责它并不是一夜之间发生的。双方都必须愿意单独或共同观察发生在他们身上的事情。为什么每个人都只关注一个事实？他们何时何地失去了倾听和理解往往不止一个事实的能力？

（2）可以不同意对方的观点，但要秉持开放的态度。如果僵化的想法和感觉取代了理性思考，那么就要理解这可能会破坏你们之间的关系。哪怕自己感觉受到了威胁，也请对别人的观点保持开放性。每个人都会有不同的想法或观点或建议，但要有同情心，能接受，并愿意思考和体会站在别人的立场上的感觉。

（3）深入倾听对方的观点。不加评判地倾听对方的观点。这点说起来非常容易，但做起来非常困难。因为每个人有固有的价值体系，会自动地对别人的观点进行评判。

（4）在捍卫自己观点的同时，寻找双方观点的相似之处。是什么驱使每个人如此执着于只以一种方式看待事物？看看你们两人有什么相似的想法和感觉，这样做可能会让你感到害怕，害怕自己会放弃自己的信仰。一旦找到不同观点中的相似之处，就能更快地达成一致。

（5）想象你的伴侣在经历你的盲目谴责时的感受和心态。请思考：你是否愿意因为无法舍弃自己的观点，而冒着失去关系的风险？赢比联系更重要吗？

（6）敞开心扉，接受对方的观点。在你无法做到的情况下，直截了当地表达：同意或不同意。而不抹去对方所相信的东西的有效性。

（7）将你的目标从权力、控制、支配、僵化、正义和固执转变为同情心、协作，相互选择解决方案。

（8）用一套新的、双方都同意的态度，尽可能地照顾双方的想法和感受。

（9）针对出现的更多新问题，定期沟通。如果不同意见再次变得更加强烈，请注意它们是否会再次滑向反应性偏见或谴责。

（资料来源：《心理学：夫妻间高效沟通的9个方法》，"Qu心理"公众号，2022-03-24，有改动。）

三、亲子沟通常用技巧

基层工作者要以平常心来看待家庭成员，悦纳每一个家庭成员是家庭有效沟通的前提。与孩子沟通的好坏将决定你解决问题的好坏。只有掌握好的亲子沟通策略，才能在家庭中建立良好的亲子关系，营造积极轻松的家庭氛围。下面是称职的父母所需具备的四种关键沟通技巧：倾听、表达、放手和共同解决问题。

（1）倾听。你的孩子需要表达许多感情和愿望，不能拒绝、羞辱、质问或威胁他们，也不要忽视他们。如果你不倾听，他们的感情就会闷在心里，或者转化为困惑和愤怒。在积极倾听孩子时，父母所需具备的最重要的能力，是设身处地站在孩子的角度体验他的感受。孩子爱憎分明，但对如何有效地表达感受却毫无经验。你首先要学会耐心倾听，准确地了解孩子的想法。

（2）表达。向孩子有效表达的5个基本原则：一是具体，你的要求和想法应当尽可能具体地加以表达，需要给孩子规定清楚的界线——在此界线之内，尽可自由地、放心地行动，越过此界线他们就得承担必然的后果。二是及时，有什么烦恼，就立即说出来，孩子做了什么后立即受到赏罚，他们会学会怎样做才是最妥当的，你越是迟迟不表态，对孩子行为的影响也就越小。三是就事论事。四是前后一致。五是开诚布公。

（3）放手。有时候，亲子间的长期冲突，可以通过承认某些决定和问题完全是孩子自己的事而得到缓解。不妨让孩子自己决定如何处理发型、如何择友、如何穿戴、如何整理自己的房间或者如何花零用钱等。

（4）共同解决问题。做称职父母最困难的是彼此的需要发生冲突。你的正当需要可能会干扰孩子的正当需要，反之亦然。这类冲突的一般领域是家务、共享空间。解决与孩子冲突最有效的途径是合作。用合作方式解决冲突，就必须心甘情愿地将权力放在一边。你必须自愿地像一个讲道理的大人对待同样讲道理且有能力做决定的年轻人那样对待自己的孩子。你必须诚心诚意地这么做，并使你的孩子确信你是诚心诚意的。一开始他们也许会抵触或怀疑。那么，不妨采用开诚布公的方式："我正在学习怎样做一个好父母，我希望你与我一起努力。"

第三节
基层工作者家庭沟通的典型案例

沟通，才会和睦

著名的政治家、教育家梁启超，育有九子且各个成才，其中有三位是院士。梁启超对子女教育虽然严苛，却也经常听取子女的意愿，因材施教。不论孩子们身在何处，他都会常常写信交流开导，甚至在信上直言关心想念，希望他们不要因为学习而劳累身体。而孩子们也是如此，梁思成就算在海外留学，遇到学业上的问题或者感情上的问题，也都会主动写信请教父亲。有了父亲的书信，即使在异国他乡遇到问题时也游刃有余，不再孤独。梁启超对孩子们的爱，藏在每一封漂洋过海的书信和每一次叮咛和关心中。而孩子们对父亲的爱，也在字里行间表露无遗。在孩子们的心中，他就是"一个亲切有味的父亲，一个童心未泯的老顽童"。

（资料来源：https://baijiahao.baidu.com/s？id=1700995012247735751&wfr=spider&for=pc）

多沟通家庭才和睦

作为前吴乡寿溪村村党支部书记的张灵，爱岗敬业，家庭和睦。2019年，张灵一家被金华市妇联评为"金华市文明家庭"。

张灵在担任村党支部书记的二十年里，积极奉献，认真负责，先后被授予"市级优秀共产党员""浦江县平安家庭示范户"等荣誉称号。在他的带领下，寿溪村已是全县环境卫生示范村、四星级美丽乡村和省级非遗文化村。村里的百姓无不对他竖起大拇指。"他很热心，对我们很好，我们有困难就会来帮我们解决。"寿溪村村民花菊兰说。

积极沟通和关心是张灵家庭和睦的法宝。张灵的家人因工作原因不能经常回家，张灵一有空就会跟妻子儿女通电话，电话中能够感受到亲情的温暖。他说："平时做工作要认认真真，仔仔细细，把工作做好。家里面对妻子对儿女要多关心，平时多沟通，这样才能家庭和睦幸福。"

（资料来源：http://gw.pjnews.cn/news/202203/t20220318_5759767. html）

案例点评：

每个家庭中的不和谐、不和睦因素，往往就产生在未能及时沟通上。在案例中，张灵将积极沟通和关心作为家庭和睦的法宝，一有空就会跟妻子、儿女通电话，避免因缺少沟通或者沟通不及时衍生出影响家庭和睦的新问题。你的家庭现在存在这些问题吗？如果存在，案例中的处理办法或许可以给你提供参考。

与妻子有趣的沟通

我与妻子从相识到结婚已走过十年。她的性格一直很强势，家里大大小小的事，她很有主见，我也多数听她的。由于有这种性格，她的脾气很火爆，不太轻易接受别人提出的建议，包括我。其实我非常理解她。从小，她的家庭里充满着父母没完没了的吵架与矛盾。她只能去奶奶家躲着；因为重男轻女，奶奶并不待见这个孙女。所以，她从小就很独立，为自己做决定，自己认为对的事情就会一个心眼走到黑。

如今，我以正常的语气与她商量或提建议时，她多数不接受，有时候还会激动地和我吵起来。我想，这也不是办法，尤其是对于孩子教育方面的问题。我总是觉得她没有耐心，经常生气。我得想个办法。那天，她跑到我旁边，像小女孩一样撒娇地说要抱一抱。我说："抱可以，但是提个小建议。能不能在家里稍微控制一下情绪？"我说话的语气很轻松，她立刻接受了。还不错，原来用这种方式她能听进去。昨天，她不停地念叨自己后背疼，我帮她揉的时候，她说两边的肩胛骨都疼。所以我提议刮痧。和往常一样，我用刮痧板在她后背使劲，她一个劲地喊疼。几个来回后背已经出痧了。她这边喊疼，女儿好奇地往屋里偷看。我说："闺女你看，我给你妈后背画了一个地图。这个区域，类似南美大陆，我一碰她就疼，不信你看。"我一使劲，妻子喊疼得受不了。女儿突然来了兴趣，问："哪是女儿国啊？"因为最近她一直都在看《西游记》。我随便划了一道："那这片就当作是女儿国吧！"女儿哈哈大笑。突然我灵光一闪，指着妻子的脑袋说："这是火焰山，一生气这就冒火。"女儿乐得前仰后合。同时，把妻子逗乐了。我接着说："你看，你妈总生气，一生气火焰山就冒火。一冒火，后背就疼。"我顺势又在她后背使劲按了两下。她依然喊疼，由于刚笑完，虽然没看见当时的表情，但应该有点哭笑不得的样子。我想，用这样开玩笑的方式，她更能接受我的话吧。

和自己爱人的沟通，其实非常简单。使用一点小幽默，让生硬冰冷的话，变成了全家都乐得合不拢嘴的笑话。变换一种方式沟通，只花一点小心思，得到的却是满满的爱。

（资料来源：https://www.jianshu.com/p/b24013f3d3cf）

沟通——架起"成长"的桥梁

作为父母，我们都希望孩子在遇到困难时，能向我们求助；在悲伤难过时，能找我们倾诉；在开心快乐时，能与我们分享。从孩子上幼儿园开始，我每天下班的第一件事，就是抱抱她，和她聊一会儿，问问她今天怎么样，有什么开心、好玩的事，晚饭时间也是我们互相分享的重要时刻。这样的习惯一直保持到现在，每天还有一段专属我们的沟通时间，她很愿意和我分享，遇到什么不开心的事也会向我倾诉。女儿性格外向、开朗，有些大大咧咧，但是又比较敏感和追求完美。在学习方面她几乎从不让我操心，特别自觉。但也因为她的自我要求很高，我反而要不断地提醒她放轻松，不要给自己太大压力。进入初中后，数学一下子给她来了个下马威，好几次考试都是80多分，她很着急，甚至对自己产生了怀疑。幸好她一直愿意和我沟通，她会表达自己的困惑，我则不断地鼓励她，让她看到她的进步和努力。我们只聊学习方法不聊成绩，一起总结考试中发现的问题，一起寻找解决的办法。不管考得如何，她对学习依旧满怀热情和兴趣，慢慢地，她的数学成绩也稳步提升了。在我们的沟通中，我尽量多倾听她，不评判，尝试理解她的感受，对她表达的事情感兴趣。沟通，把我们母女的心拉近，让我"听到""看到"孩子的感受，给予孩子支持和帮助，让她更好地成长！

（资料来源：https://www.sohu.com/a/450888704_717055）

成功与女儿沟通的例子

陈燕有一个16岁的女儿，母女两人感情很好，形影不离，无话不谈，这让身边的邻居朋友羡慕不已。可是，只有陈燕自己知道，与女儿之间的沟通，她做了多少功课、下了多少功夫。有一段时间，陈燕因为工作原因，精神状态很不好，跟女儿说话也没了耐心，更多的是指责和呵斥。一天，女儿放学回家，比平时晚了一点，陈燕便劈头盖脸地呵斥："去哪里了？怎么比平时晚了？"女儿说："我和小霞一起去叶子家玩。"陈燕依然不依不饶地说："我很担心你！你知不知道？以后放学就回家做功课，不许到别处！"女儿听了脸色很难看，然后不理陈燕就回自己房间去了。陈燕也意识自己说话语气和说话方式都不太合适，但觉得没什么大不了，就没怎么关注女儿的看法。后来陈燕发现女儿愈来愈不听话，甚至不愿意跟自己多说话，每天回来就做作业，做完就睡觉，她担心女儿出了什么问题。于是去咨询家庭教育专家，专家听了陈燕的情况，给她开了一个"药方"：多倾听孩子的诉说，与孩子交流时少说多听，并教给她许多倾听孩子心声的技巧。从此陈燕转变了自己的态度，也不再随便对女儿的言行作价值判断。即使当孩子不同意自己的看法时，她也会承认女儿想法的合理性，并积极做女儿的倾听者，母女俩的关系又回到了从前。一天，女儿放学回来沮丧地对陈燕说："妈！今天的考试考坏了，我好难过。"陈燕听了，停下手边的工作，坐下来温和地对女儿说："愿意详细地跟妈妈说说吗？"女儿看了看妈妈，点点头，然后就一五一十地把自己考试考坏的情况给妈妈讲了。陈燕听后，先安慰女儿，接着和女儿一起分析了失败的原因，并和女儿商定了相应的补救措施。和女儿分析完情况，已经是深夜了。女儿感激地看着妈妈，说："妈妈你真好！有你这样的妈妈，我太自豪了！"那一刻，陈燕也感觉很幸福。

（资料来源：https://www.renrendoc.com/paper/175458909．html）

在对话中解决问题

儿子晚饭后与妹妹一同随着妈妈出去散步，半个小时后，他们三人回来了，我突然发现儿子迟迟不敢进门，头低着，脸色也很难看。我问孩子妈妈这是怎么回事，孩子妈妈答复说，儿子把刚买的电话手表外出散步时玩耍弄丢了，然后被妹妹在草丛中捡到了，偷偷塞给了妈妈。为了让儿子长记性，孩子妈妈没有跟女儿说此事，想让他焦虑一阵后回家让我好好教育一番后还给他。我了解此事后，开始和儿子谈话。

壹心："我听妈妈说，你刚才出去散步不小心把刚买的电话手表弄丢了！你还好吗？"

儿子："我不知道……"

壹心："你回答爸爸说不知道，是因为丢了手表害怕吗？"

儿子："嗯！很害怕。"

壹心："爸爸好奇地问你一下，丢了手表你为什么会害怕啊？"

儿子："因为我怕爸爸你骂我，或者打我。"

壹心："那么现在爸爸知道这件事了，有没有骂你或者打你啊？"

儿子："没有。"

壹心："那你现在还害怕吗？"

儿子："还有那么一点点。"

壹心："你可以和害怕相处一下吗？"

儿子："嗯！"

壹心："除了害怕，你还有什么感觉吗？"

儿子眼眶泛红地说："难过。"

壹心："你深呼吸一下，当你觉得害怕，还有难过时，你该怎么做呢？"

儿子："我就躲在门旁边。"

壹心："你说害怕还有难过的时候，你选择不敢进家门，躲在门旁边是吗？"

儿子："嗯！"

壹心："躲在门旁边的时候，你有什么感觉？"

儿子："我觉得很孤单、担心、沮丧。"说完，儿子开始哭泣。

壹心："对于选择不敢进家门，躲在门旁边，你是怎么想的？"

儿子："我觉得我很不小心，刚买的电话手表就弄丢了，爸爸妈妈肯定会生气的，因为我是个粗心的孩子。"

壹心："你先深呼吸，你说刚买的手表不小心弄丢了，爸爸妈妈肯定会生气的，所以你就觉得你是个粗心的孩子，是吗？"

儿子："嗯！"

壹心："你每次都这么粗心吗？"

儿子："没有啊，就这一次。"

壹心："那么就一次的粗心，你觉得爸爸妈妈肯定会生气，这是为什么啊？"

儿子："因为我这次弄丢了，担心爸爸妈妈以后不会再买新的手表给我了。"

壹心："爸爸很好奇，你为什么会这么想啊？"

儿子："因为再买一个新手表要好几百块，爸爸妈妈会心疼的。"

壹心："为什么你会觉得爸爸妈妈会因为再买一个新手表花几百元心疼啊？"

儿子："因为现在爸爸妈妈挣钱都不容易啊！"

壹心："爸爸很开心，你能体会到我们大人工作挣钱的不容易，爸爸在这里为你点个赞！虽然你刚才不小心把手表弄丢了，你也因为这次丢手表的事情感到难过与害怕，但是，至少你很诚实与爸爸说出你自己的想法。关于丢手表的这件事情，我建议你以后出门还是要细心一点，自己随身物品要保管好，不能再犯同样的问题了，你能做到吗？"

儿子抬起头愉快地答应了："能做到！"

壹心："最后告诉你说一个好消息，你的手表被妹妹拾到了，交给妈妈了。"儿子开心地笑起来，跑进家里。看着儿子小小的背影，我很满足，因为知道自己在帮助孩子在健康的道路上前行。

（资料来源：https://www.jianshu.com/p/013ed59c2ba0）

【任务单】

想一想自己家庭成员在沟通上还存在什么问题，总结一下自己在家庭沟通方面有什么好方法。

（一）我家的家庭成员沟通存在的问题

想一想：我的家庭中，家庭成员沟通还存在什么问题？把它们全部写出来并逐项解决。

_____

_____

_____

_____

_____

_____

（二）家庭沟通的好方法

总结自己家庭的情况，联系家庭沟通常用技巧，想一想：自己有哪些家庭沟通的具体做法？一一写下来，并对这些做法进行评价。

家庭沟通的做法	有什么优点？	值得注意的地方

05

回归幸福的原点：婚姻感情

"家和万事兴，家败万事败。"婚姻和睦是家庭幸福的基础，也是社会稳定和谐的重要因素之一。人生旅途数十载，如果婚姻感情和谐，家庭就幸福稳定；倘若婚姻不幸，就会度日如年。婚姻不是一个人的事，而是两个人的事、一辈子的事。一段幸福的婚姻一定是相互成就的，而非彼此消耗。在新时代，基层工作者该怎么去经营好婚姻感情呢？

第一节
基层工作者的婚姻感情与心理健康

一、婚姻的本质和意义

关于婚姻的本质和意义，不同时期不同的人有不同的回答。

对于老一辈的人，结婚就是搭伙过日子。搭伙过日子，在很大程度上是正确的。结婚之前是一个人，结婚之后两个人成了一家人，组成了一个新的家庭。由一个人承担各种压力、各种风险，变成了两个人共同承担，确实是搭伙过日子。有了生命的延续、有了孩子后孩子进一步加强了婚姻的责任感、使命感，使两个人更加努力，使生活过得更好，孩子能够得到更好的教育。婚姻使一个人的单打独斗变成了两个人共同奋斗。

对于现代年轻人，婚姻是爱情的延续和升华。因为爱情，两个人慢慢走到一起。而爱情进一步升华，就是走进婚姻的殿堂。由单纯的爱情变成了爱情亲情一体，这是一种自然而然的过程。如果一直走不到婚姻这一步，最后的结果只能是烟消云散，两人分开。所以，婚姻是爱情的升华，是最好的结果。

以爱情为基础的婚姻才是合乎道德的婚姻。马克思在《论离婚法草案》中明确指出其在爱情基础上建立起来的婚姻观，认为有道德、有生命力的婚姻只能建立在男女双方的爱情基础之上，这样男女双方才能够体会到婚姻的幸福，保证婚姻的品质。《草案》中提到，婚姻不应该具有强迫性，一旦男女双方踏入婚姻的殿堂，婚姻中的任何人就一定要遵守婚姻法的规定。因此，马克思在对以往社会生活中的婚姻状态进行批判的基础上，辩证地认为只有无产阶级建立在爱情基础上的婚姻才符合公民的基本道德素质，才符合婚姻的本质。同时，恩格斯提出爱情是"人们彼此间以相互倾慕为基础的关系"的论断。因此，在现代意义上，爱情是男女之间以互相平等为基础所产生的诚挚的、符合道德的感情关系。

婚姻双方应当保持充分的自由。恩格斯认为婚姻自由包含两个方面的要求，即结婚自由和离婚自由。结婚自由，即择偶与婚姻是双方的自由权利，不受外界社会关系中的任何因素制约。婚姻关系应建立在男女双方的爱情基础之上，而不应只考虑家庭利益和家族利益，否定婚姻的政治性，肯定婚姻的自由性。这从根本上推翻了资本主义的生产方式下以利益为主的婚姻观。他主张只有推翻资本主义，才能将政治、经济因素等宏观因素排除在婚姻关系之外，达到真正意义上的婚姻自由。对于离婚自由，其与结婚自由有相应的爱情因素为主导，只有当夫妻双方之间不存在爱情时才可能结束婚姻关系。恩格斯认为由于夫妻双方爱情消失而造成的离婚，不仅对婚姻当事人而且对社会都是有利的。列宁也指出，家庭是文明社会中稳固的民主基础，离婚自由并不表示家庭关系的瓦解，而是使家庭关系趋于优化，以达到民主精神在家庭活动中的巩固与提高。然而，马克思主义提倡的离婚自由是建立在非草率离婚的基础上的，马克思认为已婚的夫妻双方的婚姻自由必须以婚姻的本质为基础，而草率离婚只代表男女双方或单方面任性、自私的主观意志，忽视了婚姻关系的解除对于家庭其他成员如父母、子女、亲友的影响。

不分地域和时代，婚姻都具有两种属性——自然属性和社会属性。所谓自然属性，即致使婚姻和家庭成立的自然因素，包括男女之间的生理差别、"性"本能和由此产生的血缘联系。婚姻家庭关系的这种自然属性使得其与其他社会关系区别开来。所谓社会属性，是指婚姻家庭在某种社会制度下的本质属性。婚姻家庭是一定社会关系的结合，既依存于某种社会结构，又影响这种社会结构。

二、婚姻的正确价值观

正确的恋爱观、婚姻观在感情中无比重要，包括对婚姻的经营也能起到意想不到的作用。从某种程度上来说，正确的婚姻观往往直接决定了婚姻的走向，避免婚姻被利益套牢。也许人与人之间总会有矛盾，可矛盾跟矛盾不一样，有些矛盾只是立场上的分歧，有些矛盾却是核心基石上的冲突。前者床头吵架床尾和，后者只能导致夫妻之间渐行渐远，彼此越来越陌生。那么，什么才是正确的婚姻价值观呢？

对婚姻有正确的认识和态度。不能总是拿婚姻与恋爱比较，婚姻本就是平淡的，会被光芒四射的恋爱比得黯淡无光。同时，婚姻也是人世间最现实的生活。所以结婚这件人生大事，意味着我们选择了另一种生活方式。恋爱的内容是甜蜜，全是人生中的浪漫部分，而婚姻的内容是生活，全是人生中的现实部分。生活的内容是什么？是柴米油盐、养老育小、家庭事务、人情往来等。凡是以爱情的方式过婚姻生活，没有不失败的。爱情只能是婚姻中偶尔一次的点心，激情和浪漫不是它的常态，平凡和苦难才是。

婚姻是两个人合伙的事业。哪怕你不爱你的合伙人，但事业不能扔掉，不然受益人是你，蒙受利益损失的还是你。所以，必须同心努力经营，遇到任何危机、困难、损失都得两人共同去承担，要明白你们是利益共同体。你想得到什么，就得先付出什么，所以婚姻也是利益关系。要均衡好彼此的利益，你付出了，也要收回点什么，同时也要考虑到自己的伴侣付出了，也得收回点什么。不能总是想着自己的利益，而不顾伴侣的利益。

婚姻是两个人组建的小家，是两个人都从各自的原生家庭中脱离出来，又重新组建的一个属于两个人的小家，从此要把小家的利益放在首位。如果双方父母总是越界干涉你们的生活，要马上站出来拒绝，保证自己的独立性。婆媳从来都不是婚姻家庭中的重点关系，如果婆婆要闹，闹得你没法生活，就一定要分割，这个是原则。只有夫妻关系才是婚姻家庭中的重点关系。遇到什么事情，应该去和自己的伴侣商量。父母和兄弟姐妹，是你最亲的人，配偶才是你最近的人，这一点要拎得清。自己的小家经营不好，对父母来说难免是负担。

夫妻在一起只能求同存异。每个人都是独一无二的个体，你希望两个人绝对合适、完美契合，这是不可能的，而且你也永远找不到这样的人。你有你的想法，我有我的观点，你有你的情感，我有我的个性，大家的认知也不同。不合适，并不可怕，可怕的是没有尊重与接纳，总是以极强的控制欲试图去改变对方，这是侵犯。恋爱的时候，两个人都戴着面具，结婚以后的缺点暴露无遗，所以在后来，也需要两个人互相欣赏，去放大对方的优点部分，眼睛不能老是盯着对方的缺点，最好不要有任何苛刻的要求。

有共同奋斗的价值观。夫妻之间，该有的是那份必须要携手鬓白的执念，以及共同承受一份命运的决心，但这一切都建立在共同奋斗的价值观基础上。没有共同奋斗的价值观，就不可能患难与共、风雨同舟。结婚，不是随便找一个人，直接把自个儿砸在对方身上，从此你要为我的生活、为我的梦想、为我的欲望负责。你想要什么样的生活，只能通过自己的努力去创造，两个人互相取暖、互相鼓励，共同奔赴。

三、良好婚姻与心理健康

（一）良好的婚姻应该是什么样子的

1. 浪漫

早期人类男女之间不仅是性伴侣，而且彼此之间要有好感和信任，这样才有利于以家庭为单位进行农业生产、狩猎、采集和照顾孩子等。经过千百年来各种文化的浸润，爱情被演绎得更加多姿多彩，但它的本质始终未变。爱情是古今中外文学艺术的永恒主题，是人生幸福的重要追求。从心理角度来看，爱情和愤怒、愉快、悲伤、喜悦一样，是人们熟悉的一种情感反应，是人际吸引最强烈的形式，是身心成熟到一定程度的个体对异性个体产生的有浪漫色彩的高级情感。爱情与喜欢有本质的区别，爱情是利他的，喜欢是利己的；爱情有幻想的成分，而喜欢没有幻想；爱情是与多种情绪并且有时是相互矛盾的情绪相联系的，有时既爱又恨，而喜欢就是一种快乐的情绪；爱情强烈程度随时间推移会减退并趋向平和，而喜欢一般不会。爱情包含了解、尊重、关心和责任心等。无论在外是什么样的身份地位，回到家里，就要互相尊重，身份上就应该是丈夫和妻子，两个人是平等的。彼此关心，培养深化更高层次的友谊，做好爱的储蓄。没有绝对完美的人，也没有绝对完美的婚姻，但是可以有经过两个人经营的完美婚姻。

2. 现实

良好的婚姻应该是情爱与性爱的统一，二者同样重要，缺一不可。良好的婚姻是权利与义务的统一。在爱情中，体现出了互相宠爱，自觉觉他、自律律他，做到了以"道义"为基准，追求恰当适宜，在动态中取得平衡，这是婚姻得以永恒的法则。在矛盾中，呈现出的是"春风化雨"，而非"秋风扫落叶"。如果前者不能够解决问题，那这样的婚姻几乎没有多大珍惜挽留的必要了。现实生活的平淡琐碎，生活中的一些"困难"，要去面对；健康、事业、财富、关系、亲子这些问题，需要个人及双方共同面对。良好的婚姻会呈现出平等合作、平等分工或一方依赖的现状，只要双方能够乐于接受，那就是好的，呈现的是建设性和一体性。

（二）良好的婚姻感情有助于身心健康

近年来通过研究发现，夫妻恩爱、精神愉快可使体内分泌出一些有益健康的激素、酶和乙酰胆碱等物质，这些物质能把血液的流量、神经细胞的兴奋程度以及心理和生理功能调节到最佳状态，从而保证食欲旺盛、睡眠香甜、精力充沛、思维敏捷，抵抗疾病的能力也强。由于夫妻关系是家庭关系中对人的情绪影响最重大的关系，夫妻不和对身心健康负面影响极大。现代医学表明，夫妻反目，心情忧郁，则大脑皮层形成一个紧张的"兴奋灶"，可使某些有益激素的产生出现紊乱，并通过植物神经系统对各个脏器产生抑制，引起焦虑、沮丧、食不甘味、睡不安寝、血压波动、心悸气短、月经紊乱等症。情绪不正常还会使吞噬细胞作用减弱，抗体及干扰素生成减少，免疫功能减退、抗病能力降低。长期过度刺激还可造成大脑皮质类固醇分泌增多，而长期处于紧张状态，则会过度消耗体力，使抵御癌细胞的能力减弱，体内某些细胞因失去免疫系统的控制而恶性增长，从而引起癌症的发生。1982年，北京市提供的一组资料表明，癌症病人中过去有明显不良心理因素的高达76%。据美国调查资料表明，中年丧偶，或因夫妻不和离婚者，发病比常人频繁得多，他们的住院时间为同类患者的2倍；死亡率也明显增高，他们患心脏病、肝癌和胃癌的死亡率为其他人的2倍，高血压的死亡率为3倍，肝硬化的死亡率为7倍。日本也对离婚者做过统计，发现他们的平均寿命远比美满家庭中的人短，男子可短寿12岁，女子可短寿5岁。再者，夫妻无休止地吵闹会使精神长期受到痛苦折磨，或使大脑皮层失去控制，行动上自我摧残，如借酒消愁、以烟解闷或产生轻生念头等。可以说，夫妻间任何超出现实的猜疑多虑、一味无中生有地纠缠和制造不良气氛，对身心健康都是不利的。只有夫妻恩爱，才能白头到老。

第二节
基层工作者促进婚姻感情关系的常用方法

我们常说，恋爱是件容易的事，但婚姻却是非常复杂的。懂得经营婚姻的夫妻，两个人之间和睦恩爱、相濡以沫；经营不好的婚姻，则如履薄冰。夫妻之间要想提升感情、培养爱情，让婚姻家庭生活和谐美满，就必须要以真心感情为基础，彼此尊重和理解，忠诚和信任，携手并肩，同甘共苦，一起为了自己更加美好幸福的生活，做出共同的努力。

一、婚姻保鲜

婚姻生活就是柴米油盐酱醋茶，是平淡如水的、真真切切的。而就是这份真实，让人觉得枯燥乏味，毫无激情，会有一种不爱了的错觉。你会自我反问：我们还有爱情吗？当这种错觉越来越真实的时候，婚姻就会面临危机了。所以，在婚姻生活中，我们也要时刻做好保鲜的工作，就像蔬菜和水果需要保鲜一样。那么，怎么去保鲜呢？保持一颗恋爱的心，不要羞于或者懒于去表达你的爱意，不要觉得结婚了就不需要表达爱了，婚姻比恋爱更需要说出爱，这样会让你的婚姻生活充满爱的气息。

二、建立信任

彼此信任是婚姻的桥梁，一段婚姻中没有信任就走不下去了，那就只剩下相互猜忌、怀疑。夫妻是爱人，又不是敌人，夫妻是要相濡以沫的，不要剑拔弩张。在婚姻里，夫妻是合体的，可在社会中，人都是个体，都有自己的生活圈、工作圈、朋友圈和私人空间。丈夫需要工作应酬，妻子也需要跟闺蜜约街，这都属于私人空间。如果彼此之间没有信任，丈夫出去应酬了，回来就要被问东问西，怀疑这个怀疑那个，一次两次是可以忍耐的，久而久之，人的忍耐也是有极限的，到忍无可忍的时候就会爆发，感情就会破裂。所以，信任是很重要的。而且，足够的信任也会让对方更自信，让彼此的感情更稳固、坚定。

三、相互尊重

婚姻里需要相互尊重，容不得太随便，不要觉得已经结婚，生米煮成熟饭了，就可以随心所欲，完全不给对方留情面，不顾及对方的感受。比如，有一些丈夫，就爱在朋友面前使唤自己的妻子，跟使唤一个丫鬟似的，一点面子不给。还有一些妻子，就爱在朋友面前贬低自己的丈夫，恨不得全世界都知道她老公是个妻管严，这样自己就觉得倍有面子似的。这些做法都是婚姻里的绊脚石，是对另一半的不尊重，是很伤及对方自尊心的。两个人是因为相爱才结婚的，结了婚不应该相互伤害，婚姻里要讲究你敬我一尺、我敬你一丈；你给我面子，我才会给你面子。这样，两个人才会都有面子。

四、彼此包容

夫妻之间不能太苛刻，不能一味追求完美，毕竟人无完人，而且都有七情六欲，总会有情绪低落的时候，有任性发脾气的时候，要相互包容对方的小情绪，理解和原谅对方的"无理取闹"。这个包容，不仅要包容彼此，也要包容彼此的家人，不能把对对方家人的不满、不能接受、不能理解等发泄在对方身上，婚姻不单单是两个人的事，也是两个家庭的事。能够包容对方的家人，那是对彼此最大的宽容。

五、勇担责任

许诺一段婚姻，就要承担婚姻的责任，要对自己的另一半尽职尽责，对家庭尽职尽忠，对孩子更要尽心尽力。对于婚姻应该承担的责任，很多人都会说，我已经挣钱养家了，我已经尽到我的责任了，其实不然。帮助妻子分担家务、陪伴孩子，这些就不是你要尽的责任吗？有人会说，不会做家务，没时间没孩子，这些都是借口。你一旦背负婚姻的责任，任何事情就要努力尝试，即便你没有动手去做，也要有解决的办法。不要让自己在家庭里失去存在感。

六、互相赞扬

多称赞彼此，给彼此肯定和认可，不管是丈夫还是妻子，要做什么事情的时候，多给予支持和鼓励，来自另一半的赞扬是最好的兴奋剂。相互称赞也可以增加感情，让对方知道自己是很有魅力的，更能稳定感情。

 【拓展阅读】促进夫妻之间感情的 11 个方法——自媒体平台"网易号"韵律情感

随着时间不断前移，夫妻之间的激情也不断归于平淡。无论是恋人还是爱人，总是在追逐浪漫的生活。在如今节奏飞快的社会生活中，保持夫妻之间的温度，促进夫妻之间的感情，是需要方法的。那么，有哪些技巧可以让感情保持或者升华呢？

交流是沟通的桥梁。很多夫妻相处时间长了，心里藏着话却不愿吐露给对方听，以致双方都不知道对方的想法。所以，夫妻双方在生活中，应当提高交流频率，促进双方的沟通次数。这样有助于了解对方的想法，才能产生精神上的共鸣。

拥抱是感情的温度。拥抱，不只是年轻人恋爱时的专属，夫妻双方也可以用这种方式进行心灵上的交流。彼此的拥抱，会让对方感受到爱意，心灵上会有一个寄托。相互拥抱，是融化彼此心中隔阂的有效举措。

幽默是氛围的前提。夫妻之间的生活，如果只是日复一日枯燥无味地过，只会让双方对感情失去激情。所以，夫妻双方要学会寻找切入点，营造幽默有趣的氛围，让双方的性格彼此融合，减少争吵和烦恼。

信任是感情的基础。只有提高彼此的信任感，才能创造一个良好的家庭环境。如果夫妻之间连最基础的信任都没有，则只会让家庭的矛盾频繁发生，甚至造成家庭破裂。

　　理解是感情的豁达。人无完人，谁也无法让每一件事都能够使对方顺心。每个人都很难，不要只有指责和谩骂，更多的是学会换位思考，去理解对方的难处，一起思考所处环境的矛盾所在，学会两个人一起解决困难。

　　扶持是家庭的基石。彼此相互扶持，是奠定家庭的基石。两个人脱离原生家庭，组建出新的一个家庭，应当学会情意相通、互助共济，一起面对新的生活，共同打造一个和睦幸福的生活。

　　示爱是感情的催化剂。两个人结婚后，情感上的激情会逐渐消磨，如果不再给予对方适当的情调，就会让两个人的生活越发单调。合适地表达自己的爱意，是促进感情升温的催化剂，能够提升夫妻之间的感情。

　　坦诚是感情的尊严。夫妻双方不应该事事隐瞒，无论生活如何，彼此坦诚相待，是夫妻之间应有的尊严。尊重对方就是尊重自己，既然选择对方成为终身伴侣，就应该给对方应有的知情权，维护彼此的尊严。

　　合理规划财务。很多家庭的矛盾所在，经常是在金钱方面。无论贫穷还是富贵，财务支出的合理调配，是对家庭未来的规划所负责，夫妻双方应当加强在财务支出上的沟通，相互商量，促进夫妻感情的良性发展。

　　尊长爱幼、宽容大度。如果夫妻双方总是斤斤计较，将会使自己的家庭频繁争吵，甚至延伸至双方的原生家庭。只有彼此相互尊敬双方长辈，和谐处理邻里关系，才能够使家庭和和睦睦。

　　同甘共苦，加以照顾。生活不易，家家有本难念的经。无论在生活中是顺利的还是困难的，夫妻应当同甘共苦，彼此照顾好对方。生病的陪伴、吃穿的照顾、真诚的问候等，都是夫妻之间应该做的。真心地付出，才不会产生冷漠的情绪，才可以更好地促进夫妻感情的升华。

　　（资料来源：《关注健康的亲密关系，构建和谐平安家庭》，开化县妇女联合会，2021 年 12 月 31 日。）

第三节
基层工作者处理婚姻感情关系的典型案例

军功章上有我的一半更有妻子的一半

李梅山，男，1964年3月出生，中国共产党党员，大学文化，1987年7月参加工作，高级工程师，现任行唐县公路管理站站长职务。李梅山同志有一个崇尚文明、积极进取、相敬相爱的家庭。妻子杨丽欣是行唐县地税局的一名普通职工。李梅山同志与他的妻子互助互爱，严于律己，宽以待人，谱写了一曲文明、健康的动人乐章，成为交通局推荐"恩爱夫妻"的先进典型。李梅山同志所从事的工作是保障全县干线公路的安全畅通，工作任务重、压力大，施工高峰期更是无暇顾及家庭，照顾家庭的重担就压在妻子杨丽欣身上。但杨丽欣从无怨言，十分支持、尊重丈夫，认为丈夫的工作有特别重要的意义，是为神圣的公路事业做保障。因此，每天下班回家她总是忙这忙那，做饭、搞卫生、照顾老人，将家整理得井井有条，将老人照顾得妥妥当当。遇到老人家有病，她也总是自己跑前跑后。2007年的冬天，公公因煤气中毒住进了医院，当时李梅山因公出差。在公公住院治疗的20多天里，杨丽欣每天医院、家庭、单位三处奔忙，而对出差在外的丈夫，她每次在电话里都说家中一切都好，让他安心工作。正是因为妻子对丈夫的支持，几年来，他连年被评为市局"双文明建设先进个人"，被市、县政府授予二等功两次、三等功两次，被评为"全市优秀共产党员""全市勤政廉政先进个人"和"县敬业奉献道德模范""县劳动模范"，并当选县十四届人大常委会委员"。今年又获得"五一"劳动奖章。面对荣誉，他总是唱着说："军功章上有我的一半更有妻子的一半。"每逢在家都是让妻子休息，他做家务，一旦妻子娘家有事，他就积极相助，以此来补偿和报答妻子。他们用生活中平平凡凡的小事、点点滴滴的真情诠释了家是爱的港湾的真谛。

（资料来源：https://wenku.baidu.com/view/02a3870751e2524de518964bcf84b9d5 29ea2ccb.html？_wkts_=1670220232697）

案例点评：

案例中，李梅山夫妇面对生活和工作压力，积极进取、互相理解、互相包容、互助互爱，在挑起家庭重担、增进婚姻感情关系的同时，也成就彼此，收获了众多肯定和荣誉，值得大家学习。

执子之手与子偕老

封强，上方乡政府职工。妻子马大朋，行唐县实验学校教师。二人于2004年5月1日结婚。多年来，夫妻二人相亲相爱，相敬如宾，期间虽然经历了病魔侵扰等波折，但始终保持着浓浓亲情与和谐氛围。封强2003年10月到乡镇工作，为做好基层群众工作，为了按时高质量完成上级交办的任务，他经常早来晚走、加班加点、吃住在村。妻子更能理解丈夫的艰辛和不易，从没有埋怨过丈夫对家的照顾不周。相反，每当丈夫拖着疲惫的身体回到家时，她早已备好了香喷喷的饭菜。2006年，封强因高烧不退住进了医院，经过省二院检查为急性白血病，突如其来的变故让妻子不知所措，没人的时候，自己偷偷哭，可是面对病床上的丈夫，她又总是满脸笑容，安慰丈夫，一定能够治好。经多方治疗和无数次的化疗，家里所有的积蓄花光了。但为给丈夫治病，她借遍了亲友、同事，只要有治白血病的新药她就想方设法买给丈夫服用。在此期间，因为病情发展，腿部神经麻痹，丈夫一度不能走路，只能依靠双拐，她就每天坚持为丈夫按摩两个多小时。苍天不负有心人，2009年，封强康复出院，那一刻夫妻二人相拥而哭，三年里，只有妻子知道自己走得有多艰辛。给丈夫看病，四处筹钱，背上了沉重的债务；孩子无人照看，内疚之情无处诉说。三年里，妻子的体重锐减了15公斤，脸上递增了皱纹。现在，封强已再次走上了自己的工作岗位。"执子之手，与子偕老"，世间真情，患难与共，每每夜阑如水的深夜，轻轻翻启记忆的诗笺，这句话就会从心海里逸出，总能轻轻拂人心扉，勾起他们恋爱时甜蜜而温馨的回忆。

（资料来源：http://www.wk114. cn/wenku/258353. html）

牛郎织女网络传情

丈夫董建国，现年44岁，桥梁工程师。妻子郑彦敏，现年41岁，独羊岗中学教师。

1989 年二人大学毕业参加工作相识两年后成婚，郑彦敏从老家保定市清苑区嫁到行唐任教。由于丈夫在外地上班，二人不能长相厮守，过着牛郎织女般的生活，但他们的夫妻情义并没有因时空的阻隔而受到任何影响。相反，如陈年老酒，历久弥香。丈夫由于工作特殊，建桥施工期限长至半年不回家，他们通过 QQ、视频聊天，相互问候，互透衷肠，表露思恋，网络传情。有了烦忧事，他们或借助拨打手机，或发送短信，彼此倾诉，相互抚慰，相互激励，寄予希望。网络，使两颗身处两地的人的心紧紧地连在一起，虽遥隔千里，却近在咫尺。结婚十余年，夫妻二人就是用这种特别的生活交流方式倾注彼此满腔的情与爱，倾情演绎了一段浪漫而稳固的婚姻。她，一头挂着丈夫，一头投身教学，培育学生，桃李满园。他，用智慧汗水筑路基，架桥梁，让天堑变通途。她，在婆婆十二年前患上半身不遂生活不能自理时，默默挑起了家庭的重担，既赡养老人，又抚育幼女，尽着一个儿媳、母亲的双重责任。他，在岳父患糖尿病综合征住院治疗而妻子教学繁忙无暇照料时，休假期间主动提出去守护，为老人端屎端尿、洗脚洗衣一个月，直至老人病愈出院。在常人看来，他们是一对"劳燕"；而在熟悉他们、了解他们的人眼里，他们是一对鸳鸯。在同事们眼中，他们是业务骨干；在父母眼里，他们是孝顺的儿媳和女婿。他们用常人难以理解的行动深刻诠释了夫妻恩爱的真谛，用理解和关爱——这种人世间最美好真挚的情感精心浇灌、培植着这棵永不凋谢的爱情之花！

（资料来源：https://www.fwsir.com/dangzheng/HTML/dangzheng_20120505170634_190617_5.html）

得夫如此妇复何求

胡小会，女，现年 35 岁，九口子中心教师。1996 年师范毕业后，满怀奉献山区教育的热情，放弃留城机会，回到老家九口子乡执教。从教期间，与农业户口家境贫穷的张文朝相识，然而身份地位的差距，遭到父母的坚决反对和同事们的议论，但她有自己的择偶目标：只要他心好，有能力，孝敬父母，长相、家庭等都不重要，值得托付终身。2000 年，胡小会冲破家庭阻力和社会舆论，没要一分彩礼，在张家外债累累的情况下与张文朝结了婚。当时人们都说，一个漂亮教师嫁给了一个"穷光蛋"，传遍了方圆几十里。婚后的日子是艰辛的，但由于小会聪明贤惠，通情达理，在她的操持下，生活过得虽清苦但很和美。丈夫有两个哥哥、两个姐姐，排行最小，按常理，应最沾父母光。但婆婆在丈夫不到一周岁时就病故，公公边拉扯五个孩子边还债。等他们结婚时，公公已经年迈体衰，家里只剩两间泥房，已经没有任何能力为小儿子张罗了。但小两口没有任何怨言，没钱结婚，就贷款；婚后仅两间泥房，就和公公一家一间。虽和老人分家，但吃的、用的，他们常常给老人做好并一块吃；有了孩子，丈夫为不影响她的工作，又当爹又当妈一个人抚养；丈夫遭遇车祸，她就骑自行车每天四趟翻山越岭跑近百里山路往家跑，既照顾丈夫又兼顾教学。尽管如此，夫妻二人互尊互敬、体贴关怀，生活虽然苦了点，但他们却觉得虽苦犹甜。近几年小两口共同奋斗，加之教师待遇不断提高，生活有了较大改善。他们盖了新房，家用电器俱全，去年还买了车。生活条件改变了，丈夫深感幸福生活来之不易，对妻子更加恩爱，每天都发个短信祝福，出门总是不忘给妻子打个电话、报个平安，回来时不时给妻子买件衣服、买套化妆品。尽管衣服不一定合身，化妆品也不一定适用，但她的心比蜜还甜。因为，那饱含着丈夫的一片深情和心意。得夫如此，妇复何求！

（资料来源：https://www.xiexiebang.com/a5/2019051314/9c9414d6cc59b65d.html）

夫妻和睦是家庭繁盛之始，是事业兴旺之基

孙华挺与妻子胡频频都是共产党员。孙华挺现任成都市公安局青白江区分局刑警大队政治委员，胡频频是成都市青白江区中医医院医学检验科主任、主管检验师，目前对口支援甘孜州九龙县大河边中心卫生院。孙华挺同志参加公安工作十多年来，无论在哪个岗位，都勤勤恳恳、任劳任怨、努力工作，干一行、爱一行、专一行，具有强烈的奉献精神和优良职业道德。2006年结婚后，孙华挺同志常年战斗在公安基层一线，工作责任大、负荷重，为了城市安全、社会安定、市民安宁，他几乎放弃了所有休假，与远在重庆市工作的爱人胡频频更是聚少离多，经常半年都见不了一面。很多时候，他们只能通过电话连线互通信息，在胡频频怀胎十月和生产的日子里也不例外。儿子出生后，孙华挺因工作需要，连续几个星期加班加点，吃在单位、住在单位，更不能照顾远在重庆的妻子和儿子。还在坐月子的胡频频只好咬紧牙关自己照顾嗷嗷待哺的孩子。作为一名人民警察的妻子，胡频频选择了坚强面对，选择了对丈夫的理解和包容。2013年，在孩子4岁时，胡频频毅然放弃了较好的职业发展空间和优厚的薪资待遇，主动由中国科学院大学重庆市人民医院结核基因诊断中心实验室请调至青白江区中医医院，与丈夫团聚，从基层检验员做起，以自己所学所能积极投身青白江卫生健康事业。

（资料来源：https://m.thepaper.cn/baijiahao_13914218）

【任务单】

回顾自己的婚姻，分别梳理自己在处理婚姻感情关系上做得好的和做得不好的地方，谈一谈自己对好的婚姻的理解，思考今后将采取什么有效措施来正确处理婚姻感情关系。

（一）我的婚姻总结：

_____

_____

_____

_____

（二）什么才是好的婚姻？

_____

_____

_____

_____

（三）今后怎么做？

_____

_____

_____

_____

06

第六章

和谐家庭构建：
亲子关系

　　"望子成龙、望女成凤""父母之爱子，则
为之计深远"，都是父母对子女爱的表现。家庭是
孩子人生的第一所学校，作为基层工作者，要为孩
子树立良好的榜样，身体力行、以身作则，让孩子
从小接受良好的家教家风。要多给他们"爱的抱
抱"，关心其学习，更关心其成长成才，每天倾听
学习和生活中的趣事，参与校园亲子活动，与孩子
一起共同成长。

第一节
基层工作者的亲子关系与心理健康

一、亲子关系的特点

（1）非选择性。亲子关系是一种基于血缘关系的关系，是在出生时决定的，一旦确定就不会改变。亲子关系不是可选的，无论孩子是否满意，都必须接受。因此，父母对儿童身心健康的影响是不可选择的。

（2）强迫性。亲子关系通常是强迫性的，一旦建立了关系就不能改变。任何一方都不能选择这种关系，也不能因为不满意而改变。任何一个人都不能选择自己的孩子，不能选择自己孩子的特点，包括生理特征和心理特征。孩子也不能选择父母的特点，不能选择自己父母的外表、父母的心理特征，无论是否同意，都必须接受这种关系。

（3）不平等。这种关系存在明显的不平等。在亲子关系中，一方占主导地位，另一方始终是父母。亲子关系对父母的影响相对较小，因为父母为这种关系的发生做好了准备。此外，父母的行为是成熟的，具有丰富的社会经验，所以亲子关系的出现对父母的行为影响不大。然而，对于儿童来说，这种关系是原始的，这种关系的特点、质量和程度对孩子未来的个性、情感和人际关系有非常重要的影响。[①]

（4）可变性。亲子关系一直在变化。这种变化是基于孩子的年龄，也就是说，亲子关系随着孩子的年龄而变化。在幼儿时期，亲子关系一种亲密关系。在青少年时期，儿童与父母之间的沟通往往表现出异化与冲突，是孩子依恋和独立倾向暂时冲突和对立的阶段。在青年时期，他们对行为的独立性提出了更高的要求，希望与成年人建立平等的关系，降低对父母的认知度。

---

① 方建移、何伟强：《家庭教育与儿童社会性发展》，杭州：浙江教育出版社，2015：14-15。

二、亲子关系的分类

1. 专制型

即以成人为中心的亲子关系。父母把孩子作为附属物，过多地干涉孩子的行为，忽视孩子的兴趣和意见，要求孩子在任何时候都遵守父母的规定。这种关系下的孩子，很容易受到他人的暗示，离开了父母常常会感到困惑。

2. 溺爱型

即以儿童为中心的亲子关系。父母把他们的孩子放在家庭的中心，甚至给孩子们错误的保护。家庭依赖孩子，孩子们很容易形成懒惰、任性、不善交际、傲慢无礼、自私的不良行为习惯。

3. 矛盾型

即双方家庭教育不统一，父母对孩子的态度既热又冷。当父母高兴的时候，他们会溺爱孩子；当他们生气的时候，他们会冷落孩子。

4. 民主型

民主型亲子关系是一种理想的亲子关系，我们应该提倡。它是建立在平等的基础上的，其主要表现是父母把孩子作为独立的个体，注重孩子的主动性，培养孩子自力更生的能力。

三、亲子关系对儿童心理健康的影响

研究表明，影响儿童心理健康的因素很多，但亲子关系是影响儿童心理健康的重要因素。主要表现在以下几个方面。

家庭氛围对儿童性格的形成和发展有深远的影响。一个完美的家庭，民主、和谐的家庭氛围是孩子健康成长不可或缺的条件。如果父母之间的关系是和谐的，孩子们可以得到启发，孩子的性格就会得到良好的培养，并将在以后的生活中受益。和谐、民主、良好的家庭氛围能促进儿童心理健康成长。在这样一种轻松的家庭氛围中，孩子们往往会形成一种乐观平和的心态。许多研究表明，有暴力家庭或离异家庭的孩子出现行为问题的频率比家庭和睦的孩子要高。[1]

---

① 郑毅：《亲子关系与儿童心理健康》，《中国健康教育》，2015（7）：17-18。

良好亲子关系的形成直接受到父母教养方式的影响。家庭环境是不同的，每个孩子的父母的文化程度几乎是不同的。从心理学的角度来看，父母的行为和对子女的奖励、管教和惩罚，都会影响和反映亲子关系的状况，也会影响儿童的健康成长。

四、营造亲子关系的和谐发展，塑造儿童健康心理

（1）发展健康文明的家庭生活情趣。父母应该有意识地培养文明健康的生活情趣，热爱文学和艺术，喜欢参加体育活动等。

（2）建立良好的家庭风格是一种无形的教育手段，可以影响孩子。家庭成员具有良好的道德和道德价值，能够形成和谐互助的精神，使他们能够诚实守信、热爱劳动。

亲子关系如同一个小社会，一个在良好亲子关系中生活的儿童，一般都能掌握社会生活中为人处世的规范和原则。儿童期是个体社会化过程中的关键，搞好亲子关系需要抓住时机，注重方法。

第二节
基层工作者构建良好亲子关系的有效方法

"亲子关系"是 20 世纪末期在欧洲一些国家兴起的、研究父母与子女关系及其教育的一个新兴课题。所谓亲子关系，即父母子女关系，在法律上是指父母和子女之间的权利、义务关系。父母和子女是血缘最近的直系血亲，是家庭关系的重要组成部分。良好的亲子关系强调父母、孩子在情感沟通的基础上实现互动，这种互动不仅能促进儿童形成健康的人格，也能促使父母自身素质得到不断提高和完善，其核心要素是基于血缘和共同生活形成的共情心、同理心和责任心，由此产生安全、依恋、尊重、关注、信任、沟通、奉献、包容、温暖、担忧、悲哀、爱护、牵挂、幸福、快乐、求助等情感与行为。家长如果能无条件地爱孩子，孩子是能够理解和感受这种爱的，从而形成亲子间的良性互动。

一、健康良好的亲子关系对孩子全面发展的重要性

（一）全面发展的概念

"人的全面发展"首先是指人的"完整发展"，即人的各种最基本或最基础的素质必须得到完整的发展。我们通常所说的"人的全面发展"，是把人的基本素质分解为诸多要素，即培养受教育者在智力、体力、才能、志趣、道德等方面获得完整发展。人的全面发展，包括个性的全面发展，也包括身体素质等多方面的发展，二者的结合即马克思所说的智力和体力的全面发展。个性的全面发展也就是人格的全面发展，即个人心态（心理面貌）的全面发展。发展个性，要求确立主体意识，培养独立人格，发展个性才能。

科学的教育应该是促进孩子全面发展的教育，而不是单纯应付考试，要培养孩子

的自主学习能力和自我发展能力，而不是让孩子被动地、机械地接受知识。

（二）亲子关系与身体健康

世界卫生组织提出身心健康八大标准：食得快、便得快、睡得快、说得快、走得快、良好的个性、良好的处世能力、良好的人际关系。绝大多数的父母对孩子的健康是十分重视的，能够充分认识到健康的身体是将来学习、工作和生活的基础，家长们也愿意花费钱财和精力为孩子提供优越的物质生活条件。但许多家长不太清楚情绪和健康之间有紧密的联系，不清楚积极情绪对身体健康有良好的影响。情绪乐观可以为神经系统增添新的力量，使机体潜力得到充分发挥，从而提高劳动效率和耐久力。消极的情绪使人失去心理上的平衡，致使身体虚弱、感情脆弱、姿态反常，对身体有不良影响。大量数据表明，由消极情绪诱发的疾病有上百种。孩子如果长期生活在一个亲子关系健康良好的家庭，情感的需求得到了充分的满足，必然会健康成长，其体能和体魄都会有较好的发展。

（三）亲子关系与心理健康

身心健康的孩子能更多地体会到温暖与爱，生命充满活力。身体健康的衡量标准较明确和客观，家长容易认识和把握。相比之下，心理健康的衡量标准就显得难以认识、接受和把握，所以家长普遍对孩子的身体健康重视有余而对孩子的心理健康关心不足。在当代，物质生活极大丰富，医疗水平稳步提高，孩子的身体出现问题的可能性极大地减少了，而孩子的心理则出现了许多的问题。

良好的亲子关系，能让孩子体会到爱、支持、信任、尊重和安全，能让孩子的理想、信念、意志力、情绪情感、性格与气质、自制力和成就动机等得到充分发展，能让孩子对自我有正确的认识和完全的接纳，让孩子的生命充满活力。

只有在孩子感觉到被爱和受照顾时，他才会凡事尽力。不仅如此，良好的亲子关系也为孩子将来的人际关系树立了良好的榜样，使孩子学会用爱、信任和尊重来对待他人。

（四）亲子关系与教育理念

"亲其师，信其道。"孩子在逆反期，常常会有意和家长对着干。有的孩子说："我知道他（家长）说的都对，也是为我好，可我就是不听。"孩子"不听"的原因是孩子心中的"气"不顺，和家长的关系不好，情感不融洽，家长对他的一切教育也就不会有好的结果。当孩子亲近父母、信任父母时，父母对孩子的一切教育才能在孩子身上发挥作用，父母所期望的结果才有可能出现。

二、建立良好亲子关系的方法

（一）做明智的家长

首先，家长要建立科学的生命观。在现实生活中，有太多的父母让孩子背上自己没有实现的理想，让孩子承受为家庭挣回面子的重任，还有的父母告诉孩子："如果你考上了某某班，就可以挣得××万的奖学金。"孩子原本稚嫩的生命怎能忍受如此重负！孩子是独立的个体，有其自身的天赋、秉性和自己的生命历程，不是家长的附属品，家长不能也不该将自己的人生理想强加给孩子。家长要认识到自己不能替孩子成长，孩子也不应承受来自家长的重压。自己为自己的人生和成长负责，明确父母、子女之间的边界，家长就不会过多地介入孩子的成长过程，也就会减少对孩子是否成才的焦虑，减少对孩子的苛责和要求，亲子关系也就能缓和并变得融洽。

其次，家长要建立科学的成才观。望子成龙、望女成凤的美好愿望是可以理解的，但"龙"和"凤"的标准是什么呢？许多家长都有这样的体会，只要不说学习（仅指学习文化课程）和分数，大人和孩子的关系是很融洽的，一谈到分数，关系就紧张了。在很多人看来，成才和成功的主要标准就是分数的高低，选拔和录取也几乎是以分数为标准，分数在孩子的生命中被提到了一个无可比拟的重要地位，多数家长面对分数感到焦虑，多数孩子面对分数感到无能。比分数更重要的是孩子全面的长远的成长和发展。据统计，人群中百分之九十的人的智力水平相差无几。家长要着眼于孩子全面的长远的成长和发展，在孩子接受学校教育的同时，着眼于培养孩子的非智力因素，诸如情绪、意志、运动技能、气质、性格、人际交往能力等。

再次，家长要建立科学的是非观。这里"是非"不是指某事的对错，特指家长不要认为自己的观点就是正确的，要在"宣讲"自己的观点之前，不妨提醒自己"停三秒钟"，听听他（她）怎么说。就算他人（配偶、孩子、老师）的观点是错误的，至少等别人把话说完，再心平气和地讨论和交流。不管最后结果怎样，至少对方感觉到了你的尊重，这样既为对方接受你的观点打下了基础，也为今后的交流建立了通道。

最后，家长要建立科学的成长观。孩子是人，不是机器，成长有一个过程，接受大人的观念以及好习惯的养成有一个相当长的过程，家长不能指望孩子像机器一样，我发出指令他就遵照执行，如果真能这样，也就没有那么多教育问题了。成长的过程短暂而漫长，说其短暂，是指孩子心智的发展有其关键期，错过了其发展的时间窗口，其后用数倍的时间和努力也难以弥补。说其漫长，是指孩子在其成长的过程中，会有许多曲折。这时，家长怎样看待孩子及其身上出现的问题，用什么样态度对待孩子，亲子关系是否和谐，对孩子的健康发展是至关重要的。

（二）做乐观、开朗、放松且积极求上进的家长

第一，家长要努力控制自己的情绪。家长的愤怒（如孩子学习不努力）、焦虑（如面临重要的考试和升学）、沮丧（孩子的表现不尽如人意）、无奈（无计可施、走投无路、孤立无援）等情绪都会有，这时家长的心态和意志力显得十分重要。每一位家长都想看到自己的孩子在各个方面都有长足的发展，有优异的成绩和强大的竞争力，于是对孩子寄予无限的希望，提出了许多要求，家长一厢情愿地认为目标和要求越高，成功的概率就越大，可科学研究的结论不是这样的。动机理论认为，你可能设想，如果动机强度不断增强，有机体的活动就会越高涨，活动的效率也就越佳。但是，事实并非如此。活动动机很低，对工作持漠然态度，工作效率是低的。然而，当动机过强时有机体处于高度紧张的状态，其注意和知觉的范围变得过于狭窄，反而限制了正常活动，从而使工作效率降低。在各种活动中都有一个动机最佳水平问题，动机最佳水平因课题的性质不同而不同。在比较容易的课题中，动机最佳水平有随动机提高而上升的趋势；而在比较困难的课题中，动机最佳水平有逐渐下降的趋势。当孩子在学习和成长的过程中出现困难和错误时，家长要控制好自己的情绪，科学辩证地看待出现的问题，为孩子提供帮助和支持，在共同克服困难的过程中巩固和加强亲子关系。

第二，家庭氛围主要由家长控制，良好的家庭氛围依赖于家长的乐观、开朗和轻松。每个家庭都有稳定的、占优势的情绪状态，反映家庭成员之间在情感上的积极与消极、肯定与否定的相互关系。家长是家庭氛围的主要控制者，应当用自己的乐观、开朗和轻松，建立快乐、和谐的家庭氛围，为孩子的成长打造良好的家庭心理环境。研究表明，在民主和睦的文明家庭中成长起来的孩子，表现出情绪稳定，情感丰富、细腻，性格开朗，团结友爱，有自信心等特征。这是因为，文明家庭能给孩子以安全感，孩子置身其中感到愉快。良好的家庭氛围可以满足孩子的归属感，孩子能感受到被爱和被尊重，也学习到怎样爱他人并尊重他人，使孩子能感到"这

是我的家"，从而增强自尊和自信。温馨的家庭能使孩子获得支持感，当孩子犹豫、彷徨，或遇到困难、挫折、灰心气馁时，可以从家庭的关怀中吸取力量，得到指引。

第三，建立可执行的家规。两位或多位家长要统一观念、统一行动，使家规得以执行。家规的制定应当基于亲子间的充分沟通与交流，在大家都能接受的基础上制定，不应是家长强加给孩子的。家规一旦制定，就必须严格执行，家长不要随自己的情绪而随意改变家规。执行家规的过程可以是一个愉快的过程，哪怕是惩罚，如商量好打几下屁股，也可以增进亲子的情感联系。

第四，家庭的共同活动能促进良好亲子关系的建立。家长为了孩子的健康成长，有必要调整自己的生活和工作节奏，创造机会和家人在一起。亲子间可以玩各种各样的游戏，可以一起旅游，可以共同分担家务。花时间和孩子在一起，就是告诉孩子"你很重要。我喜欢跟你在一起"。让孩子觉得他对父母来说是世界上最重要的人，在活动中感受到父母对他的浓浓爱意。

第五，家人间的沟通交流能促进良好亲子关系的建立。有的家长认为大人的事没必要讲给孩子听，其实不然。孩子的成长就是一个人的社会化过程，不以某一个特定的时间点为标准。有的家长认为孩子小，没必要了解大人的事情，认为等孩子大了自然就懂了，这种观点是错误的。人的社会化是一个逐渐演变的过程，这个过程的导师就是家长，家长有责任和义务带领孩子逐步走入适合其年龄特征的社会生活，使其逐步地了解和认识社会。比如，大人可以把在单位上发生的事情讲给孩子听，讲父母遇到的难题，讲父母的矛盾和苦闷，家长坦诚地敞开心扉，主动建立亲子间的交流通道，让真诚和信赖在亲子间传递。有了良好的交流渠道，家长就可以把自己的人生观、价值观等一点一滴地渗透给孩子，和孩子交流，孩子也能体会到父母的真诚与帮助，能激发孩子内心丰富的情感，促进亲子间的和谐与亲密。

第六，在适当的年龄有适当的身体接触，有昵称，允许孩子有一定的"放纵"，会加强亲子间的亲密感。皮肤触摸是一种直接的关怀方式，表达人们之间的相互理解和慰藉，能把自己的爱护和体贴，默默无闻地传递给对方的身体、大脑和心理。常在亲人怀抱中的婴幼儿能意识到同亲人紧密相连的安全感，因而啼哭少、睡眠好、体重增加快、抵抗力较强，智力发育也明显提前。相反，让孩子长时间处于"皮肤饥饿"状态，会引起孩子食欲不振，智力发育迟缓及行为异常等。对待不同年龄段的孩子，身体接触有不同的方式，如拍拍孩子的头和小脸、牵着孩子的手、抱抱孩子等。父子之间的"激烈"较量，也是另一种爱的交流。家人之间的昵称越多，表明家人间的关系越亲密，家长给孩子想出许多可爱的昵称，孩子能感觉到自己在父母眼中是可爱的，孩子给家长取个"外号"，也表明他是爱你的，家中的暗号和密语能将家人紧紧地凝聚在一起。

三、建立良好亲子关系过程中应注意的问题

（1）教导孩子对他人有正确的认识，提高适应社会的能力。在良好亲子关系中成长的孩子，情绪稳定，待人热情，对他人有积极正面的认识，但社会是由不同个体构成的，人与人之间在思想认识、人生观、价值观及道德水准等方面都存在较大的差异，家长在保护孩子对他人有美好认识的同时，要引导孩子对他人有正确全面的认识，对社会的真善美、假丑恶有正确的认识，提高适应社会的能力。

（2）为孩子提供了解社会和他人的机会与条件，提高抗挫折的能力。家长可创造和利用各种机会，为孩子提供认识和了解社会的条件，让孩子在实践中认识和适应社会，提高抗挫折的能力。

第三节
基层工作者构建亲子关系的典型案例

【案例】

有天晚上临睡前，小木瓜咚咚咚跑到客厅，抱着一个毛茸茸玩具熊躲到床脚，然后举着玩具枪"砰砰"地打，一边开枪一边嘴巴骂着："×××，你真不乖，打死你，打死你……"

"你干吗？"木瓜妈困惑地问。

小木瓜似乎被妈妈吓了一跳，随即眼圈红了。

"乖，妈妈只是关心你。发生什么事啦？"

小木瓜结结巴巴说了半天，木瓜妈总算听懂了。

原来是小木瓜当天白天跟邻居的一个小男孩玩耍时，捣蛋的小男孩将他捡来的一袋落叶（小木瓜把落叶当花朵，捡完后说要送给小男孩，多么纯真而美好的情感）全部撒了，随后还踩踏地上的落叶。小木瓜没理会，反而被小男孩推了一把，摔倒在地，为此他哭了很久。小男孩是个调皮鬼，经常会用玩具敲打小木瓜的头。

这就是转向性侵犯。当一个小生命长期受到欺负却又无法反抗，内心的怨恨不能及时发泄而长期积聚下来，孩子就会通过欺负比自己更弱小的事物来发泄情绪。

木瓜妈为忽略了孩子的情感而自责不已。

你今天快乐（开心）吗？这是被心理学家公认为最能拉近亲子关系、解决孩子困惑的最好问题，每天睡前问一次孩子这样的问题，花半小时跟孩子交流，孩子未来将会大不一样。

你今天快乐（开心）吗？这个简单的问题能有什么效果？

1. 让孩子从小懂得感恩生活中的美好

在孩子能用语言表达时开始，就可以问这个问题了。

"宝贝，你今天开心吗？"

"是的，我很开心，妈妈今天陪我玩了两个小时，我一直哈哈大笑；奶奶今天给我煮了一顿非常可口的饭菜，我吃了个精光；爸爸告诉我如何跟小兔子玩耍，我玩得很高兴；邻居小朋友借给我一辆小推车，我推着在水泥地上奔跑……"

"噢，听到小宝贝的快乐事，妈妈也感到非常开心，这真的是非常美好的一天呢！"

引导孩子回忆一天中快乐的细节，认可孩子嘴里的快乐，能让孩子变得内心非常富足。

学会感恩，将是孩子受用一生的品质。这样的孩子性格平和，不会抱怨，容易满足，也将更容易得到更多更好的人际关系和人生机遇。

2. 做孩子忠实的聆听者，及时发现孩子成长的烦恼

"宝贝，你今天快乐吗？"

"妈妈，我今天倒霉极了。我花了半小时创作的画被妹妹喷了口水；我跟小朋友玩耍时不小心脚下一滑摔倒了，我哭了很久；上课时我因为困被老师批评没有好好听课；我最喜爱的芭比娃娃今天不见了踪影；爸爸失信了，没有陪我到书店买书……"

"噢，你肯定感到非常难过。宝贝，来跟妈妈抱抱，妈妈也为你的遭遇感到抱歉。那么，你打算下次如何避免这么糟糕的遭遇呢？"

每个孩子在成长过程中总会遇到这样或那样的问题，父母的任务是及时发现孩子遇到的烦恼，引导孩子寻求解决的方法。无论什么时候都要充当孩子最忠实的聆听者，为孩子的快乐而快乐，为孩子的忧伤而忧伤。

很多青春期的孩子跟父母交流如同"鸡同鸭讲"，甚至形同陌路，很大原因是从小没有亲子交流，父母也没有带着同理心感受孩子的情绪。

（资料来源：https://www.toutiao.com/answer/6480647401496379661/？wid=1670288577633）

【任务单】

1. 您每个星期跟孩子面对面交流的情况是：＿＿＿＿＿＿＿＿＿＿＿＿

A. 没有交流

B. 一小时以内

C. 二小时至三小时

D. 三小时以上

2. 您觉得您与孩子的关系如何？ _____

A. 关系很差，经常吵架

B. 关系一般，很多时候都是应付孩子的问题

C. 关系比较好，有共同的话题

D. 关系非常好，没有代沟

3. 一般情况下，您与孩子发生矛盾的主要原因是什么？ _____

A. 觉得孩子不了解自己，不体谅自己

B. 觉得孩子的想法太前卫，超出承受范围

C. 孩子觉得父母管得太严没有给自己空间

D. 基本上没有这种情况发生

4. 当您与孩子发生矛盾的时候一般的解决方式是什么？ _____

A. 心平气和慢慢说清楚各自的想法

B. 激烈的争论甚至争吵

C. 冷战

D. 基本不会发生矛盾

5. 您认为现在与孩子发生矛盾时的解决方法好吗？ _____

A. 好，这是最好的解决办法

B. 还好，暂时能解决问题，但是很费劲

C. 不好，但是没有别的办法了，不这样做不行

6. 您会通过哪些方式加强亲子关系？ _____

A. 室内亲子游戏

B. 多带孩子参加户外活动

C. 物质满足

D. 聊天谈心

7. 当孩子向您抱怨生活中一些不如意的事情时，您通常会怎么做？ _____

A. 慢慢地引导他正确对待问题

B. 符合迎合孩子的意见，令其发泄不良情绪

C. 让孩子独立解决问题，必要时提供帮助

D. 不理会

8. 如果孩子对您的想法提出了质疑或建议，你会＿＿＿＿＿＿＿＿＿＿＿＿

A. 认为孩子的想法都不成熟，否定孩子的想法

B. 认可孩子的想法，但内心并不一定赞同

C. 尊重孩子的想法，并进一步交流

D. 不置可否

9. 您在家里和孩子平时交流最多的话题是＿＿＿＿＿＿＿＿＿＿＿＿

A. 孩子感兴趣的，我们都谈

B. 孩子的为人和处世

C. 孩子的学习

D. 孩子的饮食、营养等生活中的事

E. 学校里发生的事

F. 社会发生的热点新闻

G. 孩子太小，还难以交流，在家里，一般是我们告诉他（她）应该做什么

10. 在与孩子的沟通和交流中，您感到最大的困难是什么？＿＿＿＿＿＿＿＿＿

A. 孩子太小，好多道理讲不清

B. 孩子大了，有自己的见解，我们讲话他（她）不大愿意接受

C. 我们不太了解学校的事，提出的要求往往容易与学校不一致

D. 现在的社会变化太快了，我们不知道怎样告诉孩子去适应社会

E. 没有时间，我们和孩子一起相处的时间实在太少

F. 没有困难

11. 您觉得您与孩子最理想的关系是？

＿＿＿＿＿＿＿＿＿＿＿＿＿＿＿＿＿＿＿＿＿＿＿＿＿＿＿＿＿＿＿＿＿＿＿＿＿

＿＿＿＿＿＿＿＿＿＿＿＿＿＿＿＿＿＿＿＿＿＿＿＿＿＿＿＿＿＿＿＿＿＿＿＿＿

＿＿＿＿＿＿＿＿＿＿＿＿＿＿＿＿＿＿＿＿＿＿＿＿＿＿＿＿＿＿＿＿＿＿＿＿＿

＿＿＿＿＿＿＿＿＿＿＿＿＿＿＿＿＿＿＿＿＿＿＿＿＿＿＿＿＿＿＿＿＿＿＿＿＿

12. 您心目中的孩子是怎么样的？

_____

_____

_____

_____

_____

13 您最想对孩子说的一句话是：

_____

_____

_____

_____

_____

07

第七章

和谐家庭构建：子女教育

　　家庭是社会的基本细胞，是人生的第一所学校。不论时代发生多大变化，不论生活格局发生多大变化，我们都要重视家庭建设，注重家庭、注重家教、注重家风，紧密结合培育和弘扬社会主义核心价值观，发扬光大中华民族传统家庭美德，促进家庭和睦，促进亲人相亲相爱，促进下一代健康成长，使老年人老有所养，使千千万万个家庭成为国家发展、民族进步、社会和谐的重要基点。

第一节
基层工作者的子女教育与心理健康

孩子的许多心理品质是在家庭中发展起来的，可见家庭教育对孩子心理健康有举足轻重的影响。家庭教育出现的心理问题，主要体现在以下几方面。

一、过度焦虑心理对孩子心理的影响

面对子女成长过程中的每一个可能造成伤害的细节，家长有时会表现出不必要的担心，对发生在子女身上的各种事件的消极后果有主观夸大的倾向。比如，孩子在学校会不会与同学打架？有没有被老师批评？孩子的学习如何，将来能上高中吗？能上重点大学吗？等等。家长的过度焦虑必然表现为教育行为上的过度保护、干涉和包办，因而限制孩子正常、必要的活动，使孩子失去应有的学习、锻炼和发展机会，导致社会生活技能低下、缺乏想象力和开拓创新精神、依赖性强等个性问题出现。对子女的高度关注，也会造成子女的自我重要感过强，以各种方式要父母满足自己的不合理要求，从而强化自私自利等不良心理品质。家长经常以夸大事情的方式，潜移默化地影响子女，最终使孩子养成高焦虑的心理特征和瞻前顾后、谨小慎微、封闭退缩、神经质等不良心理品质。所以，在孩子成长的过程中，家长亲自传授，勇于放手，让孩子用痛苦去感受，在挫折中成长，有助于培养孩子的独立性。

二、急于求成心理对孩子心理的影响

无视孩子身心成长发育的客观规律，期望对子女的教育能出现立竿见影的效果；

在教育行为上表现为盲目进行教育，认为孩子学得越多越好，学习的时间越长越好；在"这都是为你好"的前提下，"威逼利诱"孩子学习那些孩子们根本不愿意学的东西。这种急于求成的心理和揠苗助长的教育方式，会扼杀子女的兴趣。另外，急于求成心理还会影响子女个性的形成。加班加点对孩子进行训练"打造"，孩子的时间和空间被那些对其成长毫无意义的事情挤占，使其失去了童年应有的快乐。家长没有思考过自己的子女究竟需要什么。采用平等对话的教育方法，让孩子说出自己的看法，肯定孩子作为一个"人"的事实，就能体现其自主能动性。如果孩子感受不到父母的温暖和爱心，父母不能倾听孩子的内心，孩子就会内心孤寂、缺乏热情，会使社会适应性降低，甚至出现反社会行为。

三、期望过高、求全责备心理对孩子的心理影响

在子女教育过程中，家长往往追求完美，提出子女能力所不及的要求，或无视儿童间的个体差异，盲目攀比。期望过高、求全责备的不良影响主要表现在四个方面。

（1）孩子学习兴趣下降。心理学表明，当一个人通过一而再、再而三地努力仍然达不到要求时，就会放弃追求。孩子虽然经过努力，但仍然距离父母的要求相差甚远，孩子的学习兴趣自然会下降。

（2）孩子产生自卑感。在心理咨询过程中发现，有些孩子各方面都比较优秀，但有较强的自卑感。其原因就是平时父母要求高，总是把自己的不足和别人的长处相比，把缺点夸大，看不见优点。孩子感到自己永远是一个失败者，体验不到成功的喜悦，久而久之自信心就会下降，自卑感日益严重。

（3）形成急功近利、图慕虚荣等不良个性。由于家长过分看重分数和名次，并经常鼓励孩子去争第一，孩子就可能为了取得父母满意的分数和名次而不顾一切，看不起比自己差的同学，对比自己强的同学产生嫉妒心，形成虚伪、虚荣、好高骛远、赢得起输不起的个性。

（4）影响亲子关系。如果孩子逐渐感受到父母爱的是自己的考分和名次而不是自己，那么对父母的关爱就会产生怀疑，影响亲子感情。家长应理性确定家庭教育目标，从子女的实际情况出发，去欣赏、发现他们的独特性，在尊重他们独特性的基础上适当帮助、引导，这才是教育的根本。另外，转变观念，调整自己对相关问题的认识偏差，明确每个孩子都是独特的、孩子间的差异是客观存在的道理，才能根据自己子女的具

体情况，因材施教，帮助子女发挥出自己的潜能。

四、牺牲自我心理对孩子心理的影响

为了子女能够成才，许多家长愿意牺牲自己的一切，这样就会导致以下问题产生。首先，子女在生活上的依赖性，影响独立生活能力和适应能力发展。其次，致使子女不懂得尊重父母。父母对孩子无微不至地照料和全身心地支持，期望通过子女的成功得到回报，得到子女的爱和尊重，这样会增加子女的心理压力。

第二节
基层工作者开展子女教育的有效方法

一、交　谈

交谈的质量跟交谈的艺术有密切关系。交谈的时机应该恰当，交谈的话题应该是有益的、是孩子感兴趣的。交谈之前，家长应该诱导孩子无拘无束地把心里话倾吐出来，然后再把自己高于孩子的见解作为一份礼物回赠给孩子。家长和孩子之间进行思想交流，使孩子受到教诲和启迪。

交谈的艺术，主要体现在交谈时机的捕捉和交谈方式的运用上。一般来说，家长和孩子双方在情绪不佳时，特别是在气头上，不要交谈；在事情的原委还没有搞清楚时，不要交谈：有局外人特别是有客人在场时，请不要进行批评性的交谈：在饭桌上，在孩子睡觉前，也不宜做批评性的交谈。家庭教育的特点是"遇物则诲"，所以教育的时机要灵活掌握，一切从教育的需要，特别是教育的效果出发，以孩子能接受为准则。交谈的方式可以多种多样，如漫谈式、调查式、激励式、严肃批评教育式等。其中，漫谈式，即不拘时间、地点、内容，海阔天空、轻松愉快地交谈，常常是孩子欢迎交谈方式。成功的交谈，似春风化雨，孩子是会受到教益的。

二、共同活动

家庭气氛是实施家庭教育的重要因素之一，跟孩子在一起活动，就是创造家庭良好气氛的有效做法之一。在生活中，家长跟孩子共同活动的机会是很多的。跟孩子一起去野外游玩，大自然是美的：春天的百花、夏日的蝉鸣、秋季的落叶、寒冬的白雪，对孩子都会有无穷的吸引力。家长掐着时令带孩子郊游，赏心悦目的自然景色会带给孩子美好的遐想和憧憬。共同的心境和语言，使长幼之间的距离一下子缩短了，多少教育内容都可以在此时此刻进行。

跟孩子一起去参观，那些名胜古迹和各种展览都值得去看一看。游览时，家长能进行精辟的讲解，令孩子感到佩服；如果觉得知识不足，则会迫使家长去翻书查资料，这更能赢得孩子的心。跟孩子一起上街购物，孩子小的时候喜欢跟家长逛商店，家长可借机介绍商品知识，灌输勤俭持家的道理。

孩子长大一点了，可以为家、为自己购物，家长陪着当参谋，边买边谈，边看边谈，边走边谈，两代人之间相互没有戒备，是教育的好机会。晚饭后、节假日，一家人各展特长，吹拉弹唱，谈天说地，让家庭充满欢乐的气氛，增强家庭的凝聚力和生活情趣。

家长和孩子共同活动的内容很多，共同活动的目的是消除代沟、融洽感情，寓教于乐，让家庭教育在欢乐、亲切、无拘无束的活动中进行。

三、表扬、奖励

对孩子进行表扬、奖励也是很有学问的。表扬、奖励孩子，可以激发孩子的上进心，有利于培养孩子的自尊心和荣誉感，培养孩子自我约束的能力，还可以提高孩子的是非判断能力，有助于父母与子女之间情感的加深。

表扬、奖励孩子的方式很多，应以精神奖励为主。如夸奖、赞许、点头、微笑、亲昵等，都能达到激励孩子上进的目的。物质奖励也要有，对年纪小的孩子，必要的物质奖励也是很好的教育手段。可以赠送书籍、衣物、玩具、学习用品等，但要慎用金钱。家长要把握住表扬、奖励的时机。孩子兴奋起来，来得快，去得也快，家长要把握孩子的心理脉搏，表扬、奖励的时候要及时，使他们良好的表现得到强化和巩固。

表扬也好，奖励也好，都要实事求是，因为这是对孩子的一种评价，要让孩子在表扬和奖励中去认识自己。过高，容易让孩子盲目满足；过低，又不容易达到激励的目的。另外，表扬、奖励，家长的态度要真诚，最好不要事先许诺，一旦许诺就要守信；绝不能在奖励的程度上与孩子讨价还价。

四、向孩子道歉

在家庭生活中，家长说错了话、办错了事，甚至冤枉了孩子，是常会发生的。如何处理这样的问题，也是一种艺术。家长和孩子在家庭中应当是民主和平等的关系，家长做了错事或错怪了孩子，应该主动道歉。这不会影响家长的威信，更不会有损父母的尊严；相反，会给孩子树立有错就改的榜样，会使孩子由衷地敬佩父母的品质与修养，从而更加信任父母，亲近父母，形成一个宽松、和谐、民主的有利于孩子成长的家庭气氛。

当然，家长向孩子道歉、认错，态度必须是诚恳的，不能敷衍，不能一味地找客观原因。

五、宽　容

宽容是指孩子做错了事之后，家长以宽大的胸怀接纳孩子的过失。宽容时，建议注意以下几点。

一是实施宽容教育，使孩子认识到自己的错误，并深感内疚、悔恨。

二是家长准备原谅孩子的过失时，应该从表情上、语气上使孩子感到家长对孩子所犯的错误很痛心，并相信孩子能够悔改。家长不可采取无所谓的态度，使孩子失去改正的决心。

宽容，是为了让孩子形成良好的习惯和品德，而这种习惯和品德只有在实践中才能产生和巩固。家长不要因为孩子某件事没有干好，就再不让孩子动手参与了。鼓励孩子去干好一件事情，也是对孩子的一种宽容。

六、批　评

批评是家庭教育中常用的一种手段，家长批评孩子是为了对孩子不良思想、行为、品质予以否定的评价，并予以警示，从而引起他们的内疚、痛苦、悔恨，从缺点、错误中吸取教训，不再重犯。批评要公正合理、恰如其分。有了一点错，就全盘否定孩子；批评今天错，还带着以前的错；一分的错，总是当十分的错来批评。这些做法都是不合适的。所以，家长遇到孩子的缺点，要弄清情节，弄清原因，恰当估计错误程度，不能在情况不明的情况下对孩子横加指责。如果这样，不仅起不到教育的目的，反而会引起孩子的逆反心理，不利于问题的解决。

在批评方式上应是先肯定对的，再指出错的；先表扬以前的，再指出今天的。甚至可先做自我批评，再批评孩子。批评孩子可以严肃，甚至可以严厉，但这不等于粗暴，更不等于讽刺挖苦、奚落谩骂，否则就会伤害孩子的自尊心，引起对立情绪。

我们常说"数子十过，不如奖子一长。"这是说，在教育孩子时，以正面激励为主，但不是否认对错误、缺点和过失的批评，甚至惩罚。批评不要过多、过滥，不要把批评当成家长的教育手段。另外，批评、惩罚是一种否定、一种压力，但同样也可以成为一种激励、一种动力。作为家长，一定要理智地面对孩子的问题，努力克制自己无益的感情冲动，增强教育意识，讲究批评的艺术。

七、树立榜样

我们常说榜样的力量是无穷的。家庭教育中用榜样的言行，使教育的内容具体化、人格化，使孩子受到形象的感染和教育，增强教育的吸引性和有效性，激励孩子去模仿、学习高尚的品德行为，自觉纠正自己的不良言行。

孩子年龄越小，榜样的感染力就越大。小时候受到榜样的影响，印象会极为深刻，甚至会终生难忘。

父母是孩子最重要的学习榜样。父母是孩子的师表，父母的言行是孩子学习最直观的教材。父母以身作则示范，不仅可以增强说理的可信性和感染性，而且也能像春风润物一样起到耳濡目染、潜移默化的作用。因此，父母应时刻检点自己，以自己良好的行为为子女的品德修养做出示范。

当然，在家庭教育中，榜样的示范作用不是自发产生的，需要家长正确地给予引导。父母该如何在生活中为子女选择、树立榜样呢？要通过讲故事、看电视、读书等方式宣传并树立革命领袖、英雄模范、历史上的杰出人物和文艺作品中的正面典型形象，影响教育孩子，使他们成为孩子心中的楷模。因为在他们身上凝聚着中华民族的优秀品德。要使孩子从中受到深刻的教育，家长必须首先对这些人物的思想境界有深刻的理解，有深厚的感情。

家长还要注意在孩子的同龄人中，在班上的同学中，为孩子寻找学习的榜样，这样可以增加学习的亲切感。这些人都是孩子的同龄伙伴，有比较相近的生活经历，同伴中所表现出来的好思想、好品德、好作风，孩子比较熟悉，容易理解、接受，更能激起学习的劲头。但是家长切记，不能专拣同学的优点、长处去和自己孩子的缺点、短处相比，更不能借机去讽刺、挖苦孩子。

第三节
基层工作者子女教育的典型案例

家庭文化是一个家庭在世代承续过程中形成和发展起来的，较为稳定的生活方式、生活作风、传统习惯、家庭道德规范以及为人处世之道等。廉洁的家庭文化传递的是积极健康的人生观、价值观，传递着鲜明的榜样示范力量。

【案例 1】

曾国藩的家书共有 300 多封，其行文随想而至，挥笔自如，看似平淡家常事中蕴藏着真知灼见，极具说服力和感召力。青年时代的毛泽东就曾说过：愚于近人，独服曾文正。可见曾国藩影响之大。

他科举出身，却深得教育大义，更加强调灵活大气、坚挺的文风。他在家书中对自己官场得失谈得较少，而始终牵挂在心的是少年时学习的误区，如字体、天文等，这几乎成为他一生的遗憾。同时，他官学并举，胸怀大略，时时刻刻警诫自己：做官清廉、做人谦逊、做事勤劳，对弟弟、儿子晓之以理、动之以情，功夫力透纸背，非一般官宦人家所能及。

他的方法积极向上，深得儒家精神熏陶。开始认为自己学术修养已经可以了，可是准备写书时又认识到基础不扎实，涉及面窄，还远远没有达到总结前人经验后再提炼的地步。

他讲究做人与作文融会贯通，特别强调读书的意会和对人的教化作用，教导儿子"自古圣贤最杰，文人才十，其志事不同，而其豁达光明之胸大略相同。以诗言之，必先有豁达光明之识，而后有恬然冲融之趣""人之气质，由于天生，本难改变，惟读书则可变化气质"。

"干陶诗之识度不能领会，试取其诗反复读之，若能窥其胸襟之广大，寄托之遥深，则知此公于圣贤豪杰皆已登堂入室。"对科举考试，他评论道，只有文丑而侥幸者，断无文佳而埋没者。针对弟弟们的考试失利，建议他们从自身找问题，而不是徇私舞弊，到主考官面前说情。他总结了为学初始阶段模仿和积累的必要，"收效较速，取径较便"。

对于通用学习方法，他认为"看生书宜求速，温旧书宜求熟，习字宜有恒，作文宜苦思"。读经之法在于"耐"字，一句不通，不看下句；读史之法"莫妙于设身处地，每看一处，如我便于当时之人酬酢笑语于其间"。他感叹，少年十五六岁是人生长、读书的关键时期。这些都是值得我们借鉴和引以为重的。

除了读书习字之外，曾国藩也提到了修身养性、处理人际关系等方面。姑且不论他镇压太平天国运动中的是非功过，仅从个人角度来看，历史上轰轰烈烈、建功立名的人物能做到功成而退、善始善终的人少之又少。

而在晚清动荡的政局下，他以汉族耕读人家出身的背景，能做到官居一品，爵至封侯，不仅需要足够的能力和魄力，更需要洞悉人生和社会的方方面面，这些可以从曾氏家书中窥见一斑。他在位居高官时仍能以朴实的观念教育儿子："陈岱云姻伯之子，比尔仅长一岁，以其无父无母家渐清贫，遂尔勤苦好学，少年成名。尔幸托祖父余荫，衣食丰适，宽然无虑，遂尔醉豢佚乐，不复以读书立身为事。"在大儿子23岁时，指出"今年二十三岁，全靠尔自己发愤，父兄师长无能为力"，对小儿子则指出"生长富贵，但闻谀颂之言，不闻督责鄙笑之语，故文理浅陋而不自知。处境太顺，无困横激发之时，难期其长进"。

他在京城权倾朝野，却规劝家人不要自高自大、插手地方政事。对同为高官的弟弟，他强调"纵人以巧诈来，我仍以浑，为后人惜余福，除却勤俭二字，别无做法""此时家门极盛，处处皆行得通。一旦失势，炎凉之态处处使人难堪。故不如预为之地，不见不闻之为愈也""吾辈在自修处求强则可，在胜人处求强则不可"。

从这些言语里可以感受到他的坦诚大度和坚毅稳重，这些绝不是所谓厚黑，完全是积极向上的认识方法。

（资料来源：曾国藩：《唐浩明评点曾国藩家书（上下）（精装）》，长沙：岳麓书社2002年版。）

【案例 2】

河南洛宁县的贾容韬，原是该县服装鞋帽公司的经理，为了把一双儿女培养成才，忍痛关掉生产红火的工厂去陪读，潜心研读了数百本教育专著，终于将一双儿女送上了重点大学，他自己也成了闻名全国的教育专家。在贾容韬的帮助下，900 多名厌学孩子成为优等生，400 多名网瘾少年成功戒掉了网瘾，80 多名辍学儿童重返校园。

一、孩子成绩差得让父亲绝食

贾容韬有一双儿女，女儿贾蕾，儿子贾毅，女儿大儿子 2 岁。为了一双儿女的学习，贾容韬投入了大量的金钱和时间，结果却令他很失望。一次考试，贾蕾只考了 70 分，贾容韬为此伤心得躺在床上唉声叹气，两天两夜不吃不喝，对女儿说："你差 30 分才够 100 分，我至少要绝食三天。"贾毅抱怨父亲："只认分数不认女儿，算什么父亲？跟只认钱不认人没啥区别。"贾容韬又伤心又委屈，喊道："我为谁呀？不就是为你们吗？"他跳下床，抄起东西就摔，当然是抓酱油瓶子，拣不值钱的东西撒气。女儿成绩不好，儿子也不争气。一是上网玩游戏，二是与同学打架，并且屡教不改，差点被学校开除。

二、惊回头，养儿不是养猪

1999 年度，贾容韬出差到郑州去看表哥时，发现往日温馨整洁的家，如今冷锅冷灶的，桌上积满了灰尘，墙角挂着蛛网，表哥独自病恹恹地躺在床上，混浊的泪水无声地从蜡黄的脸上流下来，说，龙龙以前是多好的孩子啊，后来我明明看到他讲究吃穿，不走正道，却因为工作忙没有管他。是我害了他呀，也毁了这个家！原来，表哥的儿子龙龙寄宿在学校，离开了父母的管束，像脱缰的野马，交了一些不三不四的朋友，后来竟染上了毒瘾，导致因犯抢劫罪被判刑四年。表嫂气疯了，在大街上乱跑，被送进了精神病院。

回家后，贾容韬想起表哥的泣血哭号，一整夜翻来覆去睡不着：任何成功都弥补不了教育孩子的失败！想着如果任由犯有"游戏瘾"的儿子贾毅滑下去，终有一天会变成龙龙那样……想着想着，冷汗顺着他的脊背往下淌。

三、要教育孩子，自己须先受教育

贾容韬心想，求人不如求己，与其把孩子推给学校，推给别人，还不如把自己变成教育内行。为此，他毅然戒烟、戒酒、戒麻将，又订了几种杂志报纸，买来了一堆名人传记和教育专著，将全部业余时间用来读书。过去，贾容韬和孩子聊天谈心，总是那句重复了几千遍也不嫌烦的"要努力学习呀",现在他说提"李政道当年……林肯小时候……"

贾容韬第一次问儿子心情好不好时,贾毅大吃一惊:最近我没有和别人打架呀,也没有考试呀!他小心翼翼地看着父亲说:"有啥事?直说吧!"贾容韬被儿子喷得喘不过气,讪讪地说:"以前我不知道儿子不是猪,不对,我是说养儿子不是养猪,不能喂饱就万事大吉,还要关心儿子的喜怒哀乐。以后我要像歌词里说的那样,快乐着你的快乐,幸福着你的幸福。"贾毅沉默了一会儿,红着眼睛说:"老爸,谢谢你明白儿子不是猪。比起衣食,我真的更需要精神上的关爱,盼望遇事可以和老爸商量,烦恼了可以向老爸诉说。"贾容韬眼眶也湿润了:这么多年来,儿子是第一次和自己掏心掏肺地说话!

期末考试,贾蕾数学只考了60多分,回到家里,她先让母亲做了几个好菜,然后在饭桌上不停地给父亲夹菜说:"爸,吃得饱饱的,把四天的饭都吃进去。"60多分,按惯例,贾容韬会绝食四天。

不料父亲始终微笑着,贾蕾越发脸白,暗想:这是暴风骤雨前的平静!贾容韬没生气,是因为刚读完教育家魏书生的书。魏老师说:考砸了,正是孩子最痛苦、最伤心的时候,做父母的再打骂一顿,再给压力,那不是往孩子伤口撒盐吗?有本事的父母应该帮孩子拿出提高成绩的具体措施和方法,没本事的至少要鼓励孩子。

贾容韬收起数学试卷,很义气地对女儿说:胜败乃兵家常事。初中时你多辉煌啊,数学还考过满分呢。以你的聪明,只要用心,下次一定能考好。贾蕾简直不敢相信自己的耳朵,用怀疑的目光看着父亲:"你不绝食?"贾容韬一本正经地说:"你考砸了,我为什么要挨饿?"贾蕾"哇"地一声哭了:"爸爸,只要你相信我,我就有信心!自信的孩子一定能成功"。高考时,贾蕾数学考了138分(满分150分),顺利考上了重点大学。

四、家庭和谐,孩子才能健康成长

在此之前,贾容韬夫妻之间的战争已经进行了十几年,两人还去过民政局闹离婚,只是因为贾容韬的一个离了三次婚的朋友跟他说起离婚后的生活时,说了一句"如狼似虎"——走了一只狼,又来一只虎,一届不如一届,家庭才没有解体。为了给孩子营造有利于学习的环境,贾容韬下决心和妻子建立友爱互助的关系。为此,贾容韬下决心改变自己的坏脾气,他在床头写了一句话:"愤怒过后是后悔!"每当他要对妻子发火时,就赶紧往屋里跑,对着床头大声吼:"愤怒过后是后悔!"坚持一段时间后,贾容韬的脾气不再暴躁了，心胸也宽广了，而且变得越来越理解妻子，甚至发现她很美丽。

一天，妻子试穿新买的红色毛衣，在镜子前照来照去。贾容韬看得呆了：妻子身材苗条，在红毛衣的衬托下，脸若桃花，看上去温柔妩媚。他红着脸"吭哧"了半天说："真好看！"结婚十几年，妻子还是第一次听到他的称赞，笑着说："今天太阳从西边出来了？"当天晚上，妻子一口气给贾容韬做了四个拿手的好菜。贾容韬吃得很高兴，说："以后天天让太阳从西边出来！"自此，夫妻俩又找到了初恋的感觉。也从此，十几年的家庭烽火岁月结束了，一双儿女星期天都愿意回家来，他们一进门就唱："解放区的天是晴朗的天，解放区的人民好喜欢……"

五、帮助孩子戒网瘾，关掉工厂做陪读

虽然这时候贾毅与父亲的关系亲如哥们，学习也比以往认真了很多，但网瘾一时还戒不了，后来居然被学校警告。贾容韬为此惊出一身冷汗。他考虑到贾毅住在学校，身边总有网友鼓动他去网吧，而贾毅的自控力又比较差，所以他决定关掉红红火火的工厂，和妻子一块儿去给儿子陪读。妻子起初有点不情愿，但贾容韬态度坚决："赚钱的机会以后还有，儿子的教育可误不得。"当贾毅看着父母背着一大堆行李来陪读时，马上沉下脸来："你们想当看守吗？"贾容韬诚恳地说："你马上就要考大学了，到那时，咱们父子天各一方，今后在一起的日子恐怕少之又少，咱们要珍惜父子情分，多做两年伴，再说了，我也想静下心来读点书。"

贾容韬夫妇在学校旁边租了一处房子，妻子负责伙食，丈夫负责转移儿子对网络游戏的兴趣。为此，贾容韬在家里支起了乒乓球桌，经常和儿子切磋球艺。每天清晨，贾容韬陪儿子去跑步。三个月后，贾毅不但乒乓球艺提高了不少，打球的兴趣越来越浓，而且在学校运动会包揽了长短跑冠军，这给了他极大的自信。也因此，贾毅去网吧的次数渐渐少了。

多次没去网吧的贾毅，在同学的鼓动下，又在网吧玩了一个通宵，第二天清晨才低着头走进家门。贾容韬不但没有批评他，还端上热饭热菜，说："贾毅，虽然你又去网吧了，但你的进步是惊人的，进网吧的次数已经大大减少了，这证明你是有毅力的人，离成功不远了！连网魔这么强大的敌人你都能战胜，还有什么困难不能克服呢？"贾毅激动得大喊："老爸万岁！"贾容韬热泪盈眶。后来，贾毅不但戒掉了网瘾，同他姐姐贾蕾一样，也考上了重点大学。

（资源链接：https://www.docdocx.com/wendang/qitafanwen/115757．html）

【任务单】

　　回顾自己对子女的教育，分别梳理自己在处理子女教育上做得好的和做得不好的地方，谈一谈自己对好的亲子教育的理解，思考今后将采取什么有效措施来正确处理亲子关系。

　　（一）我的亲子教育关系总结：

_____

_____

_____

_____

　　（二）什么才是好的亲子教育？

_____

_____

_____

_____

　　（三）今后怎么做？

_____

_____

_____

_____

08

和谐家庭构建：家庭规划

　　良好的家庭规划对推动家庭发展起着重要的促进作用，可以使家庭成员清楚地知道要做什么、知道怎么去做，从而增强执行计划的主动性。那么，基层工作者应该如何做好自己家庭的规划呢？

第一节
基层工作者的家庭规划与心理健康

一、家庭规划的正确心理认知

家庭规划，是以家庭为单位，对家庭进行全周期的整体规划，主要内容是指家庭未来 3 ~ 5 年的主要事项。家庭规划的主体是家庭，只要家庭存在，就需要对家庭进行规划。家庭包括经济独立的一人家庭、夫妻二人家庭、夫妻与子女的两代家庭、夫妻与父母子女乃至祖辈共同生活的多代家庭。

（一）家庭规划的内容

（1）家庭角色创立和发展。新家庭角色的身份树立，是家庭建立的标志。一人家庭：独立居住及独立的经济生活，是一人家庭建立的标志。夫妻二人家庭：婚姻关系确立后，需要建立丈夫（儿子／女婿）和妻子（女儿／媳妇）的新角色认知、定位、职能等一系列应知应会内容。有子女的两代家庭：夫妻需要完成从丈夫（儿子／女婿）和妻子（女儿／媳妇）的角色，向丈夫／爸爸、儿子／女婿，妻子／妈妈、女儿／媳妇，四重重身份的转变，需要建立家庭复合角色的认知、定位、职能等一系列应知应会内容。三代及以上家庭：还要再增加一层祖辈关系。

（2）家庭经济基础建设。经济基础建设包括居住场所的租借或者购买、生活用品的配置、确保家庭基本经济生活来源的安全稳定。

（3）家庭固定资产增长及投资理财。固定资产包括房产、交通工具等重大家庭资产。投资理财包括银行存款、房产投资、保险投资、教育投资、理财产品投资等一切有利于家庭资产保值升值的投资。

（4）家庭居家环境建设，包括家庭装修、家庭环境美化、家庭整洁的日常维护和保持。

（5）家庭健康管理，包括家庭医疗保险、家庭健康档案管理、家庭防疫、家庭养生。

（6）家庭心理环境搭建。保持家庭成员心理健康，建立家庭与外部良好关系，包括与原生家庭的关系、夫妻关系、亲子关系、姻亲关系、亲戚关系、朋友关系。

（7）家庭子女教育，包括家庭子女教育规划、执行、检验、修正、再规划的循环系统，培养子女独立生存的能力。

（8）家庭成员终身自我成长。在家庭生命的全周期内，养育好下一代过好幼年、童年、青年，家庭男女主人过好青年、中年、盛年、老年，为家庭第三代、第四代保驾护航，完成生命赋予我们的使命。

（二）家庭规划的要求

要求每个家庭成员在新角色来临前，进行知识更新和技能培养。

（1）新身份的预演、实习和实操。无论是丈夫还是妻子，无论是女婿还是儿媳，无论是爸爸还是妈妈，无论是爷爷还是奶奶，随着人生新身份的累加，都需要迎接新角色的挑战。

（2）新生活知识的更新。随着家庭的建立，为了保证家庭运转的资金和心理需求，家庭成员需要增加政治、经济、生活技能，拓宽心理深度和广度，以承担更为复杂的生活课题，多方面提高家庭运营所需资源的获取能力，大量学习相应的新知识。

（3）建立规划—执行—修正—再规划的家庭生命全周期规划。按新婚、有子女、子女教育期、子女独立准备期、子女独立期、退休期等家庭成长阶段，为各阶段做前瞻性规划，从资金、心理、生活技能多方面，为未来生活做阶段长规划、年度规划、月度执行计划等，长中短期安排相结合，做好家庭生活的各种准备。

（4）面对时间和分离。生命是一场旅行，规划再详尽，生命都会从青涩、丰盛走向衰老和死亡，我们终究会从家庭中离去。因此，从家庭生命周期开始，我们就要格外珍惜，认真地走好每一步，让家庭在每一个生长的环节中都留下最美好的记忆。只要有关于我们来过这个世界的记忆，我们的家就会一代代永远延续下去。

（三）家庭规划的正确发展方向

（1）基层工作者夫妻双方工作必须兢兢业业，在干好自己本职工作的同时，加强学习，使自己的事业更上一层楼。

（2）加强家庭收入管理，做好理财规划。

（3）加强孩子家庭教育和社会教育。

（4）搞好家庭关系，做到和睦相处。

二、家庭规划与心理健康的关系

家庭规划与心理健康之间的关系非常密切。首先，心理健康是指一种生活适应良好的心理状态，具有稳定性；而"规划"是一种动态的过程，强调明确的目标、执行的方法、成效的评估与计划的修订，包含各种步骤。因此，心理健康是规划所追求的主要目标，而规划是实现心理健康的计划、蓝图、行动方针，也是实现心理健康的重要保证。另外，个体的心理健康状况如何，也会影响家庭规划的合理性、可行性。心理健康和家庭规划是相辅相成、互相促进、共同发展的。

三、正视制定家庭规划的必要性

平时我们总是忙着制订工作计划，觉得这是紧急而重要的事情，但忽略了制订家庭规划的重要性。没有好的家庭规划，孩子在长大过程中会错失很多个人成长的机会，夫妻会在爱情长跑中变得冷淡而缺少温暖。

 【拓展阅读】

　　一只山猪在大树旁勤奋地磨牙。狐狸看见了，好奇地问它，既没有猎人追赶，也没有任何危险，为什么要这般磨牙。山猪答道："你想想看，一旦危险来临，就没有时间磨牙了，现在把牙磨利，等到要用的时候就不会慌张了。"这个寓言告诉我们：凡事要防患于未然，要未雨绸缪。这里意指要做好管理工作必须制订计划。家庭管理，正像其他管理工作一样，也必须要有计划。家庭计划有广义和狭义之分。广义的家庭计划是制订家庭计划，并执行家庭计划和检查家庭计划执行情况。狭义的家庭计划是指根据实际情况，通过科学预测，权衡客观的需要与可能的情况，指出在将来一定时期内要达到的目标，以及实现目标的途径。在现代家庭，若不能制订周密可行的计划，就不能保证家庭健康持续发展。

第二节
基层工作者家庭规划的基本视角

基层工作者的家庭规划既有规划的一般特征，也有特殊的地方。从特殊性来说，基层工作者的家庭规划有目标视角、时段视角、人生视角、职业视角、需求视角等几个基本视角。

一、目标视角

家庭规划就是设定一个家庭目标以及配套的达到目标的措施和手段。按照不同的分类标准，家庭目标有不同的类型。例如，可以分为家庭全局目标和局部目标，全局目标关系到家庭的存续和发展，局部目标有家庭教育基金的保障、退休养老水平目标、应急保障水平目标和常规储蓄目标等。

从积极的方面说，目标视角可以显示家庭生活的计划性，可以有效保证家庭生活能够有条不紊地开展。但是，目标视角也可能导致目标过细或者过粗，过细则琐碎，如果没有具有较好的、有执行力的家庭成员，家庭规划形同虚设；过粗则容易缺乏区分度，达不到规划的目的。

二、时间视角

家庭教育也可以按照时间长短进行分类。常见的分类有短期、中期和长远规划。短期规划如一周阅读计划、房屋改造计划、日常性的大扫除计划；中期规划可以用在3～5年计划事项方面，如学历提升计划、购房计划等。对于家庭长远规划，可以针对定居城市的选择、从事行业的选择等。人生的规划当然是长期的规划，至于家族的繁荣与发展那就是扩大了的家庭长远规划。

时间视角能够为家庭规划提供便利和操作性。如果家庭成员对规划的理解达不到事实上的一致，就会出现冲突。

三、人生视角

基于每个家庭成员的人生发展是家庭规划的重要视角。将每个成员的人生发展问题高度整合，做出相应的家庭资源配置选择，既照顾每个人的发展，又照顾家庭整体的利益最大化，这是不少基层工作者在做家庭规划时常用的视角。

人生视角有时候会牺牲掉家庭成员的个性和爱好，出现家庭内部的冲突。冲突发展到一定程度，会抵消规划的意义。所以，人生视角的家庭规划看似美好，有时候操作难度很大。

四、职业视角

对于基层工作者来说，家庭规划很多时候是基于职业发展。退休与否大不相同。很多时候，基层工作者都在计算什么时候退休，他们都希望在退休之前解决好子女的就业和婚姻等问题，同时也考虑自己的职业时间与帮助子女带孩子的问题。在很大程度上说，职业视角是家庭教育规划最常见的视角，甚至被上升为时间刻度标准。

需要指出的是，职业视角也有过于粗暴的地方。简单将家庭教育规划一分为二——退休前的家庭规划和退休后的家庭规划，这不利于家庭规划的精细化、科学化和专业化。

五、需求视角

需求视角是家庭规划的当然视角。有研究将家庭的需求分为健康、学习、衣食住行、安全、自我实现等方面的需求，如自身、孩子、父母等家庭成员的身体健康需求，就常常是家庭规划的主要内容，自己和孩子的成长学习也成为重要的家庭规划内容。

也有研究者将家庭规划的需求视角与马斯洛的需要层次论结合起来，认为家庭的需求也是有层次的。家庭规划必须先规划好低层次的需求，之后逐渐满足高层次的需求。在低层次需求没有满足之前，不要好高骛远。

第三节
基层工作者家庭规划的典型案例

案例一：公务员家庭的理财规划案例

理财案例

刘先生 32 岁，在某机关从事宣传工作，月收入 3500 元；太太在教育系统从事管理工作，也是公务员，月收入 3000 元。家庭积蓄主要为一年期定期储蓄 5 万元（已存 3 个月），五年期凭证式国债 2 万元，活期储蓄 5 万元。他们住的是单位的房改房，由于面积较小，两人打算换一套稍大一点的房子。正当准备买房的时候遇到了加息，这让他们在理财上有点不知所措。加息之后房价走势如何，现在买房会不会多花冤枉钱？三个月前存入的 5 万元存款用不用办理提前支取然后重新存入？如果不买房的话，手里的钱如何结合加息这一现实来重新调整？

财务分析

刘先生和太太均是公务员，收入稳定，各种保障良好，因此，在具有一定积蓄的情况下，考虑更换住房、提高生活质量无疑是正确的。但面对突如其来的加息，房价的走势肯定会发生一些变化，弄不好就会和买股票一样被"高位套牢"，所以需要一段时间的观望和等待。加息之后，刘先生为了尽快享受加息的"优惠利率"而考虑将定期存款和国债办理提前支取也应慎重，需要进行计算和比较之后再作决定。在负利率的情况下，刘先生将 5 万元的积蓄用于活期储蓄，会造成家庭金融资产的贬值，所以有必要进行调整。

理财建议

（一）加息后不应盲目提前支取

按银行规定，支取未到期的存款按活期利率计息，如果刘先生将三个月前存入的 5 万元定期存款办理支取，只能取得活期利息 72 元。之后如果转存成一年定期储蓄，按照目前一年期 2.25% 的年利率计算，平均每月利息 75.1 元（在存款期满的前提下），9 个月为 675.97 元，一个实际存款年度的利息为 72+675.97=747.97 元。如果刘先生不提前支取，将 5 万元继续存储，到期后则可得利息 792 元，比提前支取后转存多得利息 44.03 元。所以，刘先生的 5 万元存款没有必要办理转存。

另外，刘先生今后应尽量选择短期储蓄，因为有关专家称这次加息可能是人民币利率 U 形曲线向上回升的拐点，也就是说，人民币很可能会开始进入加息通道，刘先生选择一年期的短期储蓄可及时享受加息后的较高利率。

（二）购房计划可以暂缓

央行此次加息后，5 年以上个人住房贷款的利率从 5.04% 上调至 5.315%，众多贷款购房者会考虑成本，购房需求会出现一定程度的萎缩。另外，升息会对炒房者会产生较大影响，因为炒房、存房的利息支出会增加，炒房成本会随之提高，有些炒房者会考虑以"降价处理"来收缩存量，从而会对房地产市场的无度上涨起到一定抑制作用。所以，建议刘先生不用急于购房，持币观望，等楼市明朗了再买也不迟。

（三）可以将部分活期存款转为开放式基金

根据刘先生的收入情况，手中留有 1 万元活期存款便可以应付家庭的各种开支，其余 4 万元可以购买开放式基金。加息之后，股市会受到一定影响，许多开放式基金的净值也会随之下跌。在这种情况下，购买开放式基金可以减少投资成本。刘先生可以选择基金净值相对稳定、基金累计净值较高的绩优基金。如果刘先生具有短期投资意向，也可以购买货币基金，这种基金像活期存款一样方便，没有各种费用，收益高于银行加息后的同期银行储蓄，具有一定的投资价值。

案例二

铭祖训 承家规 齐心传文化 共建好家风
——文明家庭、道德模范事迹展播之王同云家庭

王同云，男，67岁，汉族，中共党员，乐至县文体广新局退休干部，是四川省第八次党代会代表、"四川省十大最美志愿者""四川好人""全国百名优秀志愿者"候选人，一直致力于中华传统文化的传承与保护，先后多次获得省委宣传部、省文明办、省文化和旅游厅表扬。

王同云的家庭，是一个传承中华优秀传统文化的家庭，家族入川至今已十五代，这个家庭仍铭记并传承着"族内人众，循理安分。三立四维，谙练修身。毋得犯上，毋富压贫。强毋凌弱，和亲睦邻。孝为百首，善诚与人。知难敢进，求变智拼。耕文育韵，慎独守贞。精忠职守，名利无争"的祖训，注重家庭、家教和家风建设。

恪守祖训 言传身教树立良好家风

王同云家庭目前共有9人，妻子郑岳生，长女王劲、长女婿邓雪松、次女王灿、次女婿罗德林、外孙邓璟诗、罗立言、罗怡。虽然一家人没有常年共处一室，但仍亲密无间。家庭成员坚守祖训，一直以孝为先，相处和睦，从未红过脸，也从不算"疙瘩账"。当年王同云妻子郑岳生留守农村时，因交通不便，数次背着婆婆，往返14华里去镇医院看医生，至今仍为蟠龙场上的一则美谈；王同云自己待岳母更是细致入微，20余年如一日，直到岳母近90岁高龄离世，至今仍在原工作单位被知情职工奉为典范。长辈们的言传身教，孝的家风有了传承，邓雪松、罗德林夫妻出差时，第一件事就是买新奇的东西孝敬父母，第三代也仿效了"孝"的家风，手里有了好吃的东西，首先要给大人吃……

这个书香家庭，虽然各自都有一份工作，但"精忠职守，名利无争"的祖训家风仍沿袭不变，年近古稀的王同云虽已退休多年，但仍坚持在第一线，为传统文化的发展发挥余热。其子女也认真仿效，爱岗敬业。一代看一代，一代学一代，一代传一代，这个家庭的成员，心境清净，致力学习传统文化，没有一人触碰党纪国法的红线，没有一人越过道德伦理底线，形成了一个具有中华民族传统美德而又符合现实生活实际，在传承中有创新、在创新中有发展的新时代家规家风。

扶贫济困　大善不言彰显崇高品格

经过一家人多年的努力，这个家庭如今也算是一个小康之家，但他们依然厉行节约，身体力行地践行着绿色健康的生活方式。近十年间，他们每年义捐用于护生、购树等的资金都在两万元以上。

这个家庭的成员都十分热心公益事业。捐资助学，为贫困同学买车票，主动帮助留守儿童，为路上遇到的淋雨老人换上干爽衣物等。这些事对这个家庭来说，是很平常的事情，他们很乐意用自己积攒的钱财来帮助别人。古人云："大善不言。"他们到底捐献了多少人民币，他们没计算，他们也从不在人前讲。他们说，献爱心，既是中华民族的传统美德，又是祖训家规中"济弱"的传承，做了就做了，讲它干啥子？一家人这样做，不是为图回报，只图尽一颗善心。

王同云家庭一直致力于传统文化的传承。王同云退休后，没有安享舒适清闲的晚年，而是积极主动地参与志愿者服务活动，不遗余力地为乐至文化的传承与发展发挥余热。他主动出任《乐至文艺》责任编辑，阅读、删改作者来稿上千件、近百万字，出版《乐至文艺》十余期，成品文字数万字。培养新作者100余人。他主笔的《中国共产党乐至县党史1921年至1949年卷》，编撰文字稿共20余万字。

为抢救挖掘地方民间文化，王同云积极向有关部门提供线索，自己身体力行，通过调查走访等各种途径，挖掘出濒临失传的、距今已有五千多年的民间戏剧——傩戏，引起宣传文化部门的高度重视。让石工号子、栽秧歌、薅草歌、哭嫁歌等一大批传统的民间劳动歌谣重现，搬上了电视荧幕和舞台。他还经常率志愿服务组织——民间文学搜集整理小组，深入乡镇、村、社搜集基层民间文学资料，开展志愿服务活动。志愿服务区域主要在交通不便的山区，为掌握准确的资料素材，他常常包里装着自购的"速效救心丸""十滴水"等急救药物，光着脚板，踩着泥泞山路，奔走于田野山间，亲临实地采访。他将搜集、研究、整理的乐至民风民俗，写成一本十多万字的书。常年的笔耕，只有握笔右手的厚厚老茧见证着他为乐至文化所作的贡献。

王同云还自愿担任《乐至县民间故事集》《乐至县民间歌谣集》《乐至县民间戏曲谚语集》的责任编辑，来自全县和搜集小组的初稿就有数千件，总共近百万字。白天的时间不够用，他又重新"开夜车"。他说："年轻时'开夜车'为的是事业有成就，而今我再'开夜车'。为的是献余热，多为社会公益事业服务……"

王同云关注未成年人的健康成长，不顾自己年老多病，积极参与乐至县"文艺大讲堂进学校"志愿服务活动，先后到县内较偏远的蟠龙、回澜、龙溪等学校，为师生讲授文学写作知识。王同云说："我为社会服务到最后一刻是我的'志'，自找苦吃，是我的'愿'，既能发挥自己余热，为社会作些贡献，又能让自己生活过得充实有意义，何乐不为呢？"

王同云的家庭对于他的这份志愿服务"事业"也是鼎力支持，只要有时间，就会主动过来帮忙，陪他一起深入田间地头收集素材，帮他将手稿录入电脑，帮他校对……"耕文育韵"，他们都觉得这是有意义的事情。

（资料来源：乐至县融媒体中心推文《铭祖训 承家规 齐心传文化 共建好家风》，2020 年 5 月 19 日。）

参考文献

［1］ 梁启超. 我们今天怎样做父亲：梁启超谈家庭教育［M］. 彭树欣，选评. 上海：上海古籍出版社，2020.

［2］ 渠敬东. 探寻中国人的社会生命——以《金翼》的社会学研究为例［J］. 社会科学文摘，2019（8）.

［3］ 肖瑛. "家"作为方法：中国社会理论的一种尝试［J］. 中国社会科学，2020（11）：21.

［4］ 郑晓云. 文化认同论［M］. 北京：中国社会科学出版社，1992.

［5］ 中共中央宣传部宣传教育局.《新时代公民道德建设实施纲要》学习读本［M］. 北京：人民出版社，2020.

［6］ 中共中央党史和文献研究院. 习近平关于注重家庭家教家风建设论述摘编［M］. 北京：中央文献出版社，2021.

［7］ 黄梦其. 基层领导干部心理健康与自我调适［J］. 前进，2011（006）.

［8］ 陈蔚. 做好"爱"字文章，构建和谐家庭——谈党员干部怎样做构建和谐家庭的典范［J］. 延边党校学报，2011（006）.

［9］ 郑彪. 浅谈领导干部家属在家庭中的"助廉"作用［J］. 企业文化·中旬刊，2017（6）.

［10］ 中共四川广安市委组织部课题组. 基层领导干部心理健康问题的成因及治理建议［J］. 领导科学，2010（30）.

［11］ 刘克梁. 乡镇公务员心理健康问题研究［J］. 心理月刊，2018（7）.

［12］ 黄胜兵. 公务员心理健康的影响因素与自我调适能力探究［J］. 新西部，2018（21）.

［13］ 林悦. 新时代农村基层干部心理调适能力建设［J］. 农村·农业·农民（B版），
2019（10）.

［14］ 何琪. 领导干部压力应对特点及其对心理健康的影响［J］. 社会科学论坛，
2015（1）.

［15］ 骆风. 家庭教育与家庭教育学［J］. 科学与社会，2007（5）.

［16］ 宴红. 许身家教 孜孜耕耘——赵忠心家庭教育思想纪要［J］. 国家教育行政
学院学报，2007（3）.

［17］ 罗清军，高占民. 新时代的婚姻［M］. 北京：中国商务出版社，2018.

［18］ 方建移，何伟强. 家庭教育与儿童社会性发展［M］. 杭州：浙江教育出版社，
2015.

［19］ 赵忠心. 家庭教育学［M］. 北京：人民教育出版社，2016.